鎌倉札所めぐり 御朱印を求めて歩く

巡礼ルートガイド 改訂版

鎌倉札所めぐり編集室 著

メイツ出版

はしがき

もともと「ご朱印」は、参拝した時にお経を書き写してお寺に納めるといただけるものでした。そのようなことから、ご朱印のことを「納経印」ともいいます。最近では納経しなくてもいただけるようになり、お参りすることよりもご朱印を集めることに楽しみを感じている方々も多くなりましたが、気軽にご朱印を集めながらも、そのお寺の歴史やご朱印の意味などをよく知り、充実した札所めぐりができるように、この本をまとめました。

同じお寺でも「三十三観音」「二十四地蔵」「十三仏」とご朱印が異なります。鎌倉ではそれぞれのお寺への交通の便がよく、近いところにあるため、観音めぐり、地蔵めぐり、十三仏めぐりをすべて行っても、短期間で結願することができます。だからこそ、ご本尊に合掌し、正しく参拝しながら、ご朱印を集めていただきたいと思います。

ご朱印のいただきかた

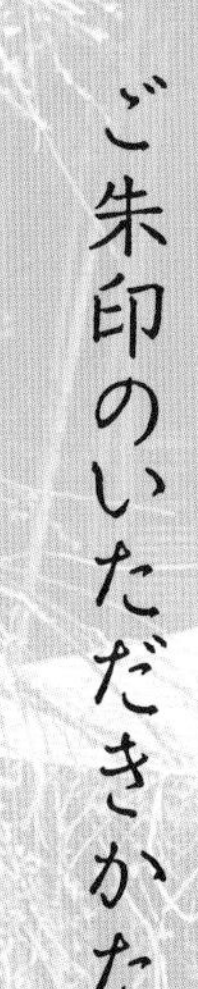

お寺では、まず三門をくぐってご本尊の祀られている仏殿へ。三門は「三解脱門（空・無相・無願）」を象徴するといわれ、諸々の執着を取り払って佛殿（涅槃・解脱）に至る門とされます。くぐる前に一礼を。ご本尊の祀られている仏殿の前に立ち、賽銭を納め、静かに両手を合わせます。お参りを済ませたらご朱印をいただけるところへ。「納経所」と案内があるところもあります。

この本の使いかた

主に本堂や札所本尊が祀られているところを御紹介しています。

札所番号
鎌倉三十三観音・鎌倉二十四地蔵・鎌倉十三仏・鎌倉五山・鎌倉・江ノ島七福神に該当する札所番号を記しました。坂東三十三観音の札所になっているお寺もあります。

第2番
鎌倉二十四地蔵 第1番
鎌倉・江の島七福神 毘沙門天

金龍山 宝戒寺（ほうかいじ）

天台宗

1・115 MAP P118 ▲寺の門扉や本堂などには北条氏の三鱗の紋が見られます。

お寺について、事前に知っておくとよいことなどを記しました。

山号寺号・宗派を記しています。

北条氏の屋敷があったところといわれている北条氏ゆかりの寺

鶴岡八幡宮の三の鳥居前の道を右に行った突きあたりにあるお寺です。秋になると本堂に続く石畳は「シロハギ」の花で埋め尽くされることから、「萩の寺」と呼ばれています。
元弘3年、新田義貞の鎌倉攻め最後の激戦地となり、寺の南東側にある腹切りやぐら（東勝寺跡）で北条一族が自害したと言われており、北条高時の霊を慰めるために、後醍醐天皇が足利尊氏に命じて建立させせました。
境内には本堂の他、聖徳太子像を祀り、職人の信仰厚い太子堂、北条氏を供養する宝篋印塔、鐘楼などがあります。

■開山 五代国師（円観慧鎮）
■開基 後醍醐天皇
■本尊 子育経読地蔵大菩薩
■創建 1335年（封武2年）

開山・開基・本尊・創建を記しました。不明のものもあります。

―ご詠歌―
みほとけに
たのむちからの
つよければ
水もほのほも
身にかかるかは

ご詠歌
鎌倉三十三観音のご詠歌です。

16

ワンモアポイント
本堂左端の窓に面して置かれた文机に、自由に文を綴ることができるノート「白萩」があります。

●所在地 鎌倉市小町3-5-22
●電話 0467-22-5512
●アクセス
JR鎌倉駅東口より徒歩13分
●駐車場 なし
●拝観時間 9:00～16:30
●拝観料
大人200円 小学生100円

お寺の基本的な情報です。駐車場は時季により変動することが多いので、なるべく公共機関を利用してお出かけください。

お寺の歴史やいいつたえ、ゆかりの人物などについてまとめました。

＊本書に掲載のすべての寺院より、掲載の許可をいただいています。
＊注1 106ページ・114ページの「鶴岡八幡宮」につきましては、御朱印の掲載ができませんでした。
＊掲載されている情報は2019年11月現在のものです。予告なく変更されることもありますのでご了承下さい。

境内の案内です。時期と場合によっては拝観できないところもありますので、ご了承下さい。

ご朱印について

同じお寺でも札所霊場によってご朱印が異なります

❶奉拝・俗称の墨蹟と朱印
❷本尊名
❸印
❹寺号（山号）
❺寺院の印

同じお寺を他のページでも御紹介している場合は、そのページ数を記しました。また、地図が掲載されているページも記してあります。

※本書は2016年発行の「鎌倉札所めぐり　御朱印を求めて歩く　巡礼ルートガイド」の改訂版です。

もくじ

✻✻✻

鎌倉三十三観音

鎌倉三十三観音めぐり

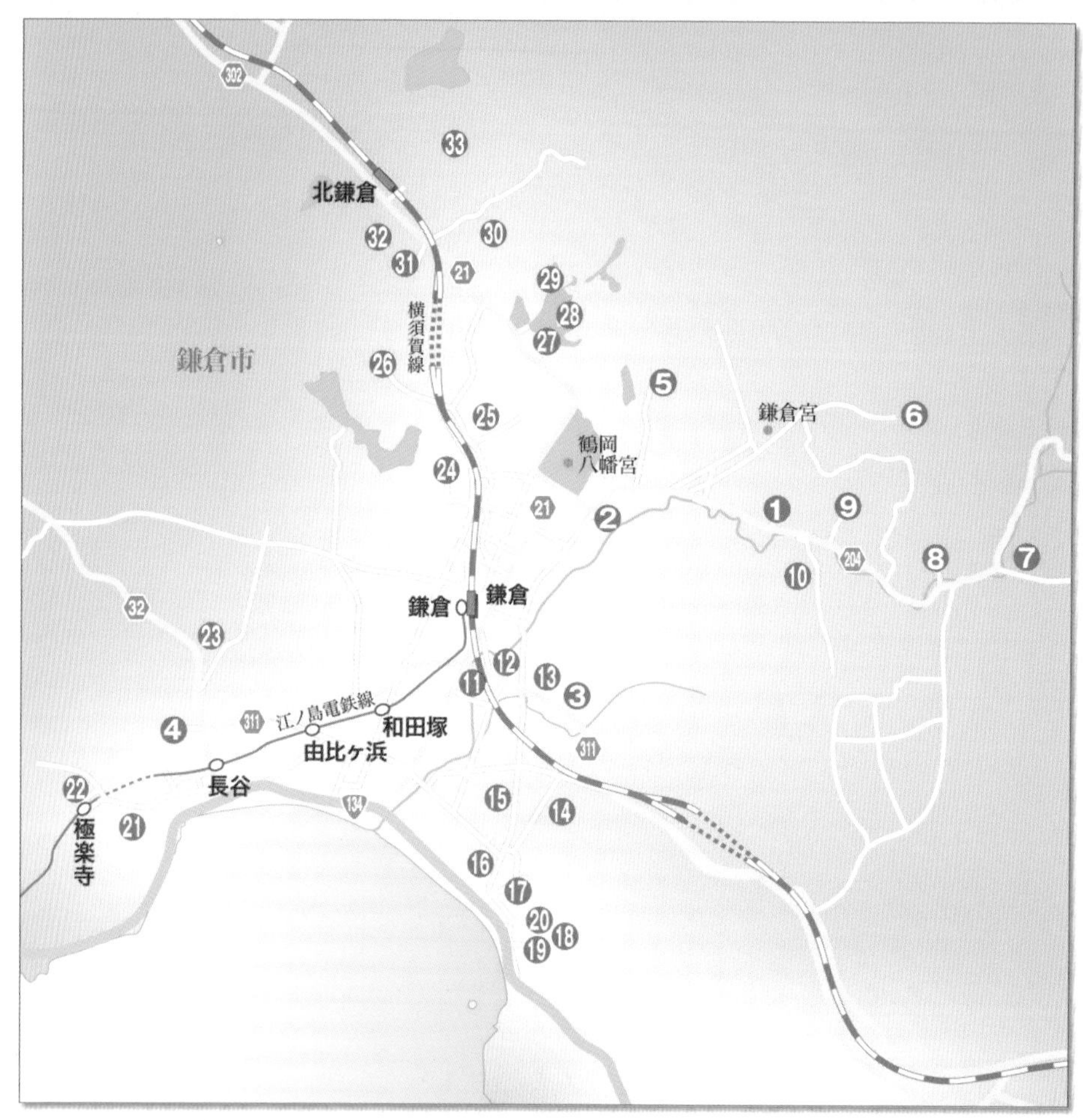

観音様を一心に念ずると、自由自在にお姿を変えて救ってくれると言われることから、観音様は「観自在菩薩」と呼ばれ、三十三に化身して人々を救うという信仰から、観音菩薩を祀る三十三の霊場をめぐる札所がつくられたそうです。

鎌倉三十三観音霊場は大正から昭和初期にかけて設定された観音霊場で、江戸時代に成立した鎌倉郡三十三箇所をベースにされています。すべての札所が鎌倉市内に存在し、他の観音霊場に比べて短期間で巡礼を行えます。

レンタサイクル案内

山本商会

INFORMATION

■所在地	鎌倉市小町2-2-23
■電話	0467-22-0723
■営業時間	9:00〜19:00 (貸出は18:00まで)
■休業日	木曜日・第1・3水曜日
■料金	1時間400円 (以降1時間毎300円) 1日1,600円 ・電動アシスト 1時間600円 (以降1時間毎500円) 1日2,600円

＊駐車場はありません

ニッポンレンタカー鎌倉営業所

INFORMATION

■所在地	鎌倉市由比ガ浜2-22-13
■電話	0467-23-2761
■営業時間	8:00〜20:00
■休業日	なし (1月1日〜3日は貸し出し不可)
■料金	1時間　700円(税込) 以降1時間毎150円(税込)

＊駐車場はありません

1週間かけてゆっくり33ヵ所めぐるコース

1日目 ❶杉本寺 ▶ ❿報国寺 ▶ ❾浄妙寺 ▶ ❽明王院 ▶ ❼光触寺 ▶ ❻瑞泉寺

2日目 ❷宝戒寺 ▶ ❺来迎寺 ▶ ㉔寿福寺 ▶ ㉕浄光明寺 ▶ ㉖海蔵寺

3日目 ⓫延命寺 ▶ ⓬教恩寺 ▶ ⓭別願寺 ▶ ❸安養院

4日目 ⓮来迎寺 ▶ ⓯向福寺 ▶ ⓰九品寺 ▶ ⓱補陀落寺 ▶ ⓲光明寺 ▶ ⓳蓮乗院 ▶ ⓴千手院

5日目 ㉒極楽寺 ▶ ㉑成就院 ▶ ❹長谷寺 ▶ ㉓高徳院

6日目 ㉗妙高院 ▶ ㉘建長寺 ▶ ㉙龍峰院

7日目 ㉚明月院 ▶ ㉛浄智寺 ▶ ㉜東慶寺 ▶ ㉝佛日庵

札所	寺院名	鎌倉三十三観音	住所
第18番	大本山　光明寺	如意輪観世音菩薩	鎌倉市材木座6-17-19
第19番	蓮乗院	十一面観世音菩薩	鎌倉市材木座6-16-15
第20番	天照山　千手院	千手観世音菩薩	鎌倉市材木座6-12-8
第21番	普明山　成就院	聖観世音菩薩	鎌倉市極楽寺1-1-5
第22番	霊鷲山　極楽寺	如意輪観世音菩薩	鎌倉市極楽寺3-6-7
第23番	大異山　高徳院	聖観世音菩薩	鎌倉市長谷4-2-28
第24番	亀谷山　寿福寺	十一面観世音菩薩	鎌倉市扇ガ谷1-17-7
第25番	泉谷山　浄光明寺	千手観世音菩薩	鎌倉市扇ガ谷2-12-1
第26番	扇谷山　海蔵寺	十一面観世音菩薩	鎌倉市扇ガ谷4-18-8
第27番	若昇山　妙高院	聖観世音菩薩	鎌倉市山ノ内9
第28番	巨福山　建長寺	千手観世音菩薩	鎌倉市山ノ内8
第29番	蓬莱山　龍峰院	聖観世音菩薩	鎌倉市山ノ内101
第30番	福源山　明月院	聖観世音菩薩	鎌倉市山ノ内189
第31番	金宝山　浄智寺	聖観世音菩薩	鎌倉市山ノ内1402
第32番	松岡山　東慶寺	聖観世音菩薩	鎌倉市山ノ内1367
第33番	仏日庵	十一面観世音菩薩	鎌倉市山ノ内434

鎌倉三十三観音霊場一覧

札所	寺院名	鎌倉三十三観音	住所
第1番	大蔵山　杉本寺	十一面観世音菩薩	鎌倉市二階堂903
第2番	金龍山　宝戒寺	准胝観世音菩薩	鎌倉市小町3-5-22
第3番	安養院　田代寺	千手観世音菩薩	鎌倉市大町3-1-22
第4番	海光山　長谷寺	十一面観世音菩薩	鎌倉市長谷3-11-2
第5番	満光山　来迎寺	如意輪観世音菩薩	鎌倉市西御門1-11-1
第6番	錦屏山　瑞泉寺	千手観世音菩薩	鎌倉市二階堂710
第7番	岩蔵山　光触寺	聖観世音菩薩	鎌倉市十二所793
第8番	飯盛山　明王院	十一面観世音菩薩	鎌倉市十二所32
第9番	稲荷山　浄妙寺	聖観世音菩薩	鎌倉市浄明寺3-8-31
第10番	功臣山　報国寺	聖観世音菩薩	鎌倉市浄明寺2-7-4
第11番	帰命山　延命寺	聖観世音菩薩	鎌倉市材木座1-1-3
第12番	中座山　教恩寺	聖観世音菩薩	鎌倉市大町1-4-29
第13番	稲荷山　別願寺	魚らん観世音菩薩	鎌倉市大町1-11-4
第14番	随我山　来迎寺	聖観世音菩薩	鎌倉市材木座2-9-19
第15番	円龍山　向福寺	聖観世音菩薩	鎌倉市材木座3-15-13
第16番	内裏山　九品寺	聖観世音菩薩	鎌倉市材木座5-13-14
第17番	南向山　補陀落寺	十一面観世音菩薩	鎌倉市材木座6-7-31

第1番

鎌倉二十四地蔵　第4番　第6番
坂東三十三観音　第1番

大蔵山 杉本寺（すぎもとでら）

天台宗

P76・77　MAP P121

▲茅葺きの趣きのある本堂。本堂はあがることができます。

鎌倉幕府が開かれるずっと前に建てられた鎌倉最古の寺

創建は鎌倉幕府以前の734年と伝わる鎌倉最古の寺。坂東三十三観音の第一番札所でもあります。鎌倉初期の火災のとき、3体の本尊が自ら杉の木の下に避難して火を避けたと伝えられることから「杉本観音」と呼ばれます。

通りから石段をのぼり、途中で拝観料を払います。苔むした石段は利用できず、左に迂回コースがあります。本堂には、中央に本尊の十一面観音、右手には毘沙門天、不動明王、観世音菩薩三十三応現身、左手には新十一面観音と地蔵菩薩二体があります。

■開山　行基菩薩
■開基　光明皇后
■本尊　十一面観音
■創建　734年（天平6年）

―ご詠歌―

たのみある
しるべなりけり
杉本の
誓いはすえの
世にもかわらじ

ワンモアポイント

発願印は杉本寺が霊場めぐり最初の参拝という人だけがもらえるので、スタートはここから。

●所在地　鎌倉市二階堂903
●電話　0467-22-3463
●アクセス　JR鎌倉駅から京急バス[鎌23・5番]太刀洗行き、[鎌24・5番]金沢八景行き、[鎌36・5番]ハイランド行きで約10分。杉本観音下車徒歩1分
●駐車場　なし
●拝観時間　8:00～16:30（16:15入山受付締切）
●拝観料
大人300円　中学生200円
小学生100円

ここは内陣へも上がることができます。ご本尊は「十一面観音菩薩像」ですが、他の寺と異なるのは、十一面観音が三体あり、全てご本尊という点です。これを「三尊同殿」と呼ぶのだそうです。

正面の石段の左側からのぼって行くと、本堂のある平場に出ます。

▶石段の中ほどに山門があり、左右に仁王様が立っています。

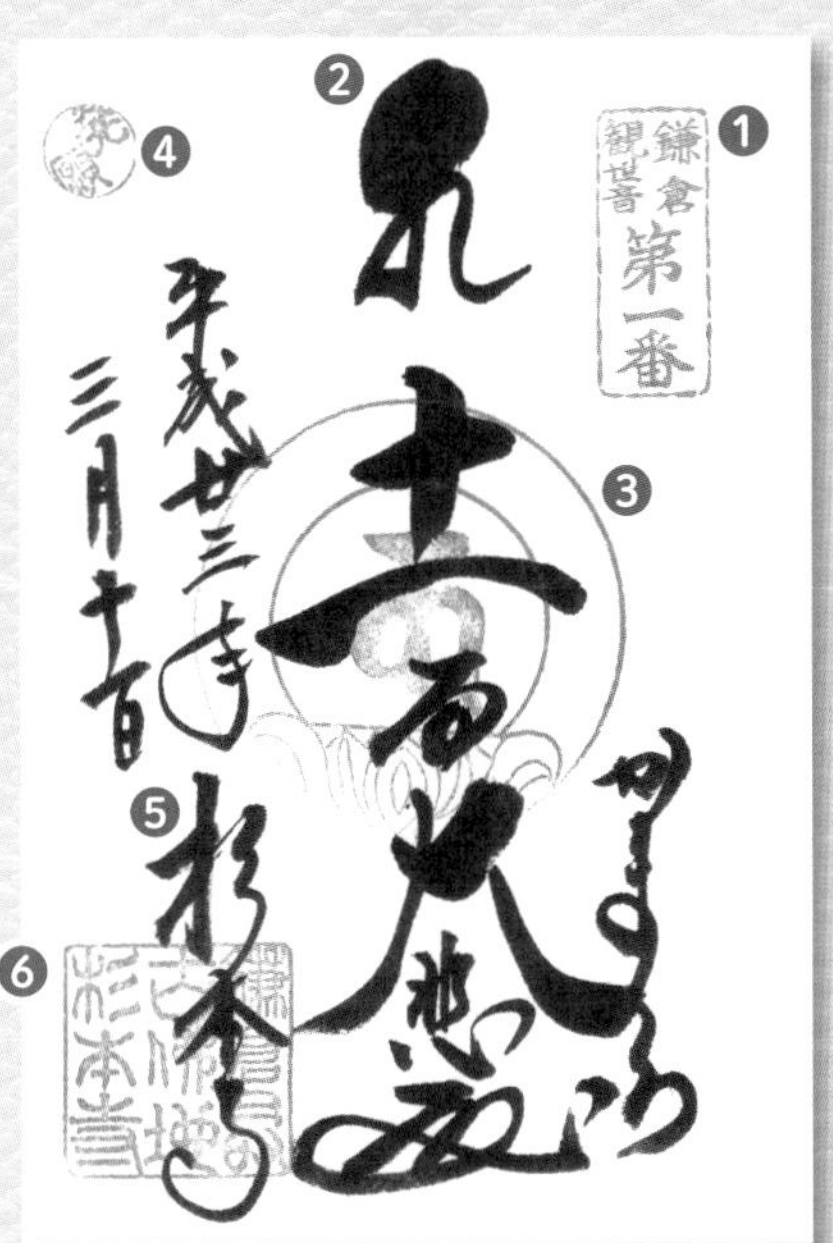

❶鎌倉観世音第一番
❷梵字・十一面大悲殿（キャ・じゅういちめんだいひでん）
❸本尊を表す印　❹発願印
❺杉本寺　❻鎌倉最古佛地杉本寺

▲山門の奥には苔むしてすり減った長い石段。両側には十一面杉本観音と書かれた白旗が。

第2番

鎌倉二十四地蔵　第1番
鎌倉・江の島七福神　毘沙門天

金龍山 宝戒寺

天台宗

P74・115　MAP P118

▲寺の門扉や本堂などには北条氏の三鱗の紋が見られます。

北条氏の屋敷があったところといわれている北条氏ゆかりの寺

鶴岡八幡宮の三の鳥居前の道を右に行った突きあたりにあるお寺です。秋になると本堂に続く石畳は「シロハギ」の花で埋め尽くされることから、「萩の寺」と呼ばれています。元弘3年、新田義貞の鎌倉攻め最後の激戦地となり、寺の南東側にある腹切りやぐら（東勝寺跡）で北条一族が自害したと言われており、北条高時の霊を慰めるために、後醍醐天皇が足利尊氏に命じて建立させました。

境内には本堂の他、聖徳太子像を祀り、職人の信仰厚い太子堂、北条氏を供養する宝篋印塔、鐘楼などがあります。

■開山　五代国師（円観慧鎮）
■開基　後醍醐天皇
■本尊　子育経読地蔵大菩薩
■創建　1335年（封武2年）

―ご詠歌―

みほとけに
たのむちからの
つよければ
水もほのほも
身にかかるかは

ワンモアポイント

本堂左端の窓に面して置かれた文机に、自由に文を綴ることができるノート「白萩」があります。

●所在地　鎌倉市小町3-5-22
●電話　0467-22-5512
●アクセス
JR鎌倉駅東口より徒歩13分
●駐車場　なし
●拝観時間　9:00〜16:30
●拝観料
大人200円　小学生100円

境内には「シロハギ」のほかに、梅・桜・椿など、百種類ほど、四季を通じてたくさんの花が咲きます。9月には、白いハギで埋め尽くされ、緑と白のコントラストが美しく、目を楽しませてくれます。

聖徳太子は建築の先駆者として崇敬され、特に大工や工人などの建築関係の職人の守護神として信仰され、毎年1月22日には、建築関係者が集まり「太子講」が行われます。

▶9月には、白いハギで埋め尽くされます

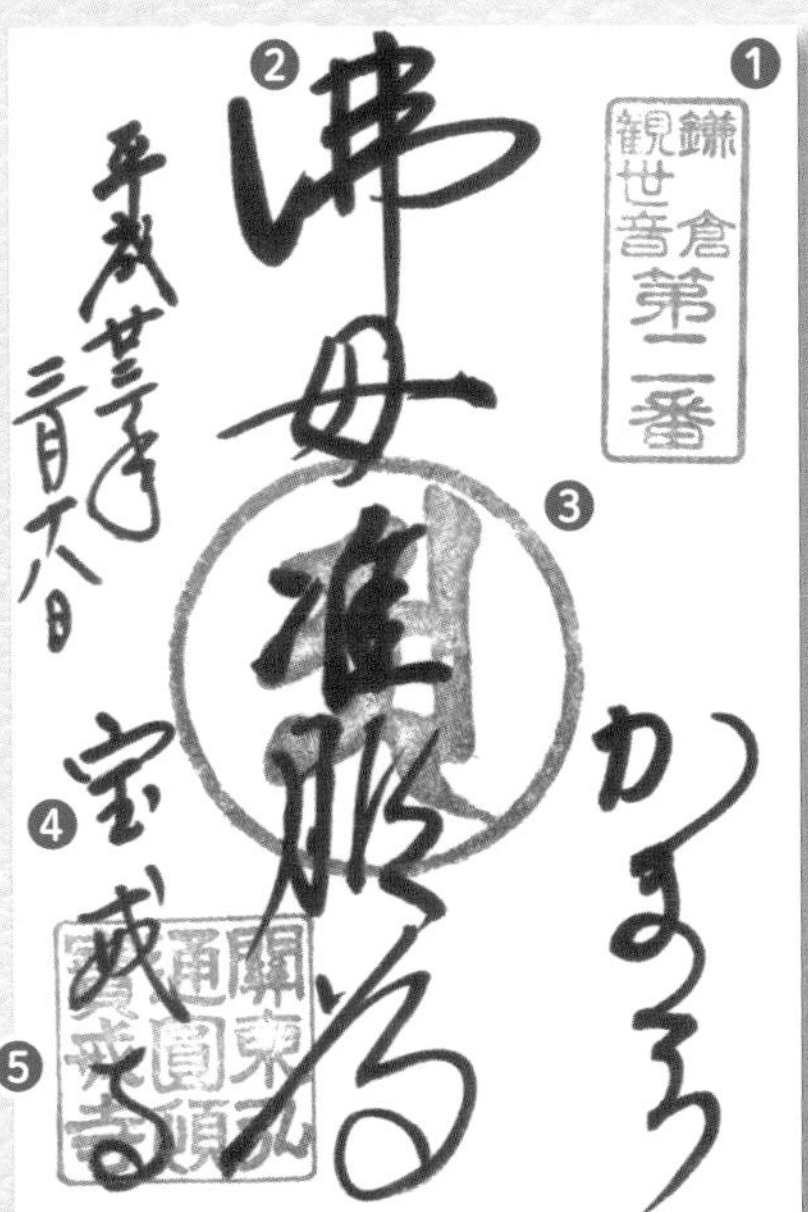

❶鎌倉観世音第二番
❷梵佛母准胝尊(ぶつぼじゅんていそん)
❸梵字「ア」(佛母准胝尊の印)
❹宝戒寺
❺関東弘通円頓宝戒寺

▲宝戒寺の門前。八幡宮前から歩いて5分ほどのところです。

鎌倉三十三観音
鎌倉二十四地蔵
鎌倉十三仏
七福神

P88　MAP P122

▲本堂には正面に本尊阿弥陀如来坐像が祀られ、その後ろに良縁、出世などに御利益がある千手観音立像が安置されています。

第3番

坂東三十三観音　第3番
鎌倉三十四地蔵　第24番

祇園山 安養院（あんよういん）

浄土宗

■開山　願行上人
■開基　北条政子
■本尊　阿弥陀如来
■創建　1225年（嘉禄元年）

—ご詠歌—

かれきにも
花さくちかい
田代寺
世をのぶつなの
あとぞ久しき

北条政子の法名から名づけられた寺院

坂東三十三観音の第三番札所にもなっている安養院田代寺。北条政子が夫・源頼朝の菩提を弔うため、笹目谷に長楽寺という寺を建立しましたが、その後、幕末滅亡とともに焼け落ちたため、現在の地に移って「安養院」になったと言われています。

「安養院」とは北条政子が出家した時の名前です。しかし、再び火災で全焼し、頼朝に仕えていた田代信綱が建立した田代寺の観音堂を移して再建されました。それが別名「田代寺」と言われる由縁です。

ワンモアポイント

鎌倉三十三観音と板東三十三観音のご朱印はそれぞれいただくことができます。

●所在地　鎌倉市大町3-1-22
●電話　0467-22-0806
●アクセス
JR鎌倉駅東口より徒歩13分
●駐車場　有（2台）無料
●拝観時間　8:00～16:30
●拝観料　大人100円

本尊の「千手観音」は田代観音といわれており、この田代観音に祈ったことで、源頼朝と結ばれたいという北条政子の願いが叶ったと伝わることから、良縁の御利益があるとして、女性の参拝者が多く訪れます。

山門前のオオムラサキツツジ。ゴールデンウィーク頃が見ごろです。

▶本堂裏手には、北条政子と尊観上人の墓と伝える宝篋印塔があります。

▶右が北条政子の墓と伝えられています。

❶鎌倉観世音第三番
❷千手大悲殿(せんじゅだいひでん)
❸千手観音の印
❹田代寺
❺相模国安養院鎌倉町

▲尊観上人が植えたという樹齢七百年の槙の大木。

第4番

坂東三十三観音　第4番
鎌倉・江ノ島七福神　大黒天

海光山 長谷寺（はせでら）

浄土宗系
単立

P116　MAP P123　▲観音堂では、本尊である十一面観世音菩薩像が拝観できます。

湘南の海を眺めながら四季折々の花散歩が楽しめる

鎌倉時代以前からある古いお寺です。下境内と上境内の二つに分かれており、下境内には2つの池があり、その周囲を散策できる回遊式庭園となっています。

上境内には長谷観音が祀られている観音堂や阿弥陀堂、観音ミュージアムなどがあり、鎌倉の海と街並みが一望できる「見晴台」、傾斜地を利用した「眺望散策路」もあります。梅雨の時期、眺望散策路は彩り鮮やかな約2500株のアジサイに囲まれて、極上のひとときが過ごせます。

■開山　徳道上人
■開基　藤原房前
■本尊　十一面観世音菩薩
■創建　736年（天平8年）

—ご詠歌—

長谷寺へ
まいりて沖を
ながむれば
由比のみぎはに
立つは白波

ワンモアポイント

本尊である十一面観音菩薩像（長谷観音）は日本最大級。9メートル18センチを誇ります。

●所在地　鎌倉市長谷3-11-2
●電話　0467-22-6300
●アクセス
江ノ島電鉄長谷駅より徒歩5分
●駐車場　有（30台）有料
●拝観時間　8:00～17:00
（10～2　月16:30まで）
観音ミュージアム9:00～16:00
（休館は展示会により異なる）
●拝観料
大人400円　小学生200円

地蔵堂の両側には、不幸にしてこの世に生まれることのできなかった子どもたちのために、千体地蔵といわれる無数のお地蔵さまが供えられています。

境内全域は四季折々の花木に彩られ、梅雨時期にはアジサイが美しい。

▶地蔵堂には福寿地蔵を安置し周囲に千体地蔵を祀って諸霊を供養しています。

▶和み地蔵
下境内の弁天堂への道すがら、大きなお地蔵さまが立っています。

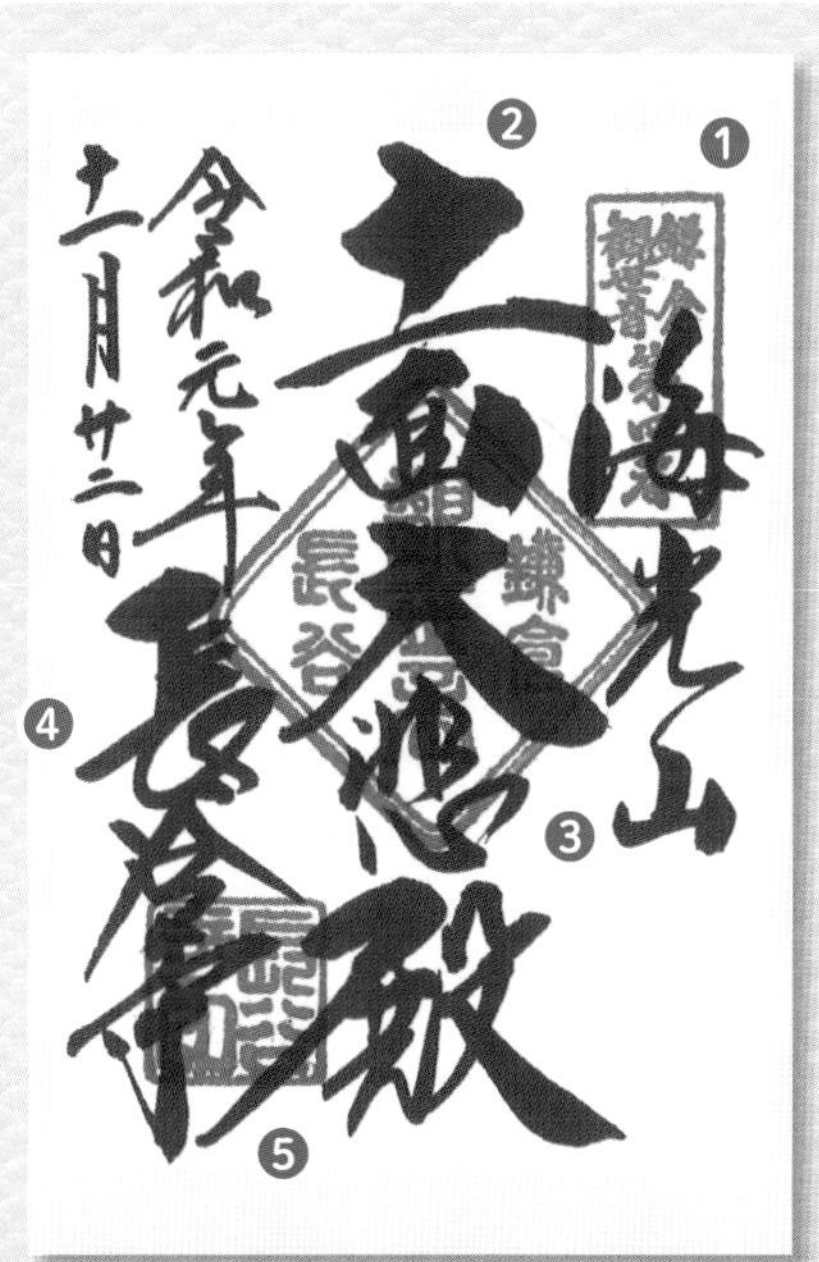

❶鎌倉観世音第四番
❷十一面大悲殿(じゅういちめんだいひでん)
❸鎌倉観世音長谷(観音印)
❹長谷寺
❺長谷寺印

▲眺望散策路の周辺には約2500株のアジサイ。
梅雨の時期には海を眺めながら花散歩が楽しめます。

第5番

鎌倉二十四地蔵　第2番
鎌倉十三仏　第10番

満光山 来迎寺（らいこうじ）（西御門）

真言宗醐醍派

■開山　一向上人
■本尊　阿弥陀如来
■創建　1293年（永仁元年）

P74・96
MAP P118

▲拝観希望の場合はインターホンを押してその旨を伝えると案内してもらえます。

▲住宅地を奥へ進むとやがて白い石の階段が見えます。

如意輪観音像

絵葉書を購入できます（3枚セット700円）。

西御門の閑静な住宅街の奥に ひっそりたたずむお寺

階段を上ると左手に本堂。本堂には、阿弥陀如来、地蔵菩薩、如意輪観音などが祀られています。

鎌倉で一番美しい仏像と言われている如意輪観音は、6本の腕を持った六臂像。鎌倉地方特有の仏像装飾の技法「土紋」が鮮やかです。右第一手はほおづえ、右第二手には如意宝珠をのせ、右第三手は数珠をつまみ、左第一手は大地にふれ、左第二手には蓮の花、左第三手の人差し指の先には法輪が。

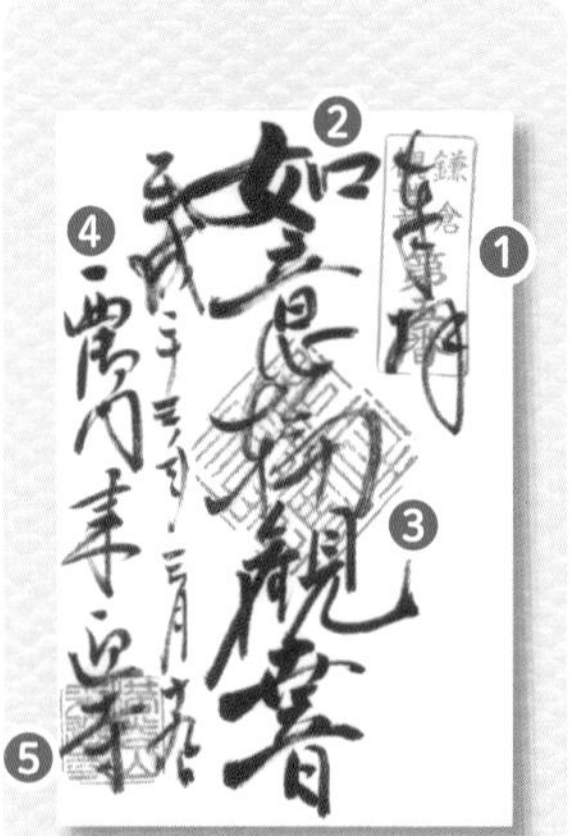

❶鎌倉観世音第五番奉拝
❷如意輪観世音（にょいりんかんぜおん）
❸安産守護
❹西御門来迎寺
❺満光山　来迎寺

●所在地／鎌倉市西御門1-11-1　●電話／0467-24-3476
●アクセス／JR鎌倉駅から京急バス[鎌23・5番]太刀洗行き、[鎌24・5番]金沢八景行き大学前または岐れ道下車徒歩10分
●駐車場／なし　●拝観時間／10:00〜16:00（拝観可能日不定期）　●拝観料／200円

—ご詠歌—

のちの世を
かけてはたのむ
観世音
すくひたまえる
あみはもらさし

▲たくさんの緑に囲まれた本堂。別名「花の寺」とも呼ばれています。

第6番

鎌倉二十四地蔵 第7番

錦屏山 瑞泉寺（ずいせんじ）

臨済宗 円覚寺派

■開山　夢窓疎石
■本尊　釈迦牟尼仏
■創建　1327年（嘉暦2年）

P77
MAP P120

夢窓疎石作の庭園

国の名勝に指定され、1970年に復元。自然の岩山を削り、滝、池、中島が配されています。

◀境内全域に植えられた早春の梅も美しい。

スイセン・梅・紅葉の名所

紅葉ヶ谷（もみじがやつ）とよばれる、鎌倉の最奥の地にあるお寺です。スイセンをはじめとする「花の寺」としても有名で、秋には紅葉が境内を美しく彩ります。

本堂裏の庭園は夢窓疎石による岩盤を削って作られた禅宗様庭園。庭の崖上には、「偏界一覧亭（へんかいいちらんてい）」と呼ばれる建物があり、鎌倉五山の僧が集まり詞会を開いたといわれています。

―ご詠歌―

はるは花
あきはもみじを
あやにせし
にしきの山に
のぼるうれしさ

❶鎌倉観世音第六番奉拝
❷千手観世音（せんじゅかんぜおん）
❸三宝印（仏法僧宝）
❹瑞泉寺
❺瑞泉禅寺

●鎌倉市二階堂710　●電話／0467-22-1191
●アクセス／JR鎌倉駅より京急バス［鎌20・4番］大塔宮行き大塔宮下車、徒歩10分　●駐車場／有（10台）
●拝観時間／9:00〜16:30入場可
●拝観料／大人200円 小学生100円　障害者無料

第7番

鎌倉二十四地蔵
第5番

岩蔵山 光触寺（こうそくじ）

時宗

▲拝観は10人以上で予約が必要です。ご朱印をお願いする時はインターホンで。

▲手入れの行き届いた庭園。季節の花々が見られます。

▲一遍上人の銅像が立っています。

ひっそりとたたずむ 一遍上人ゆかりの寺

バスが通る県道から右に入るやや狭い道を進むと、正面に山門が見えてきます。本堂へ続く参道には、たくさんの石仏が並んでおり、一遍上人の像が立っています。本尊は阿弥陀三尊で、阿弥陀は運慶、観音は安阿弥（快慶）、勢至は湛慶作と伝えられ、鎌倉六阿弥陀のひとつに数えられています。

光触寺は4月下旬～5月初旬の藤の花が有名で、初夏には本堂の奥にある庭園をハナショウブが彩ります。

■開山　作阿上人
■開祖　一遍上人
■本尊　阿弥陀三尊
■創建　1279年（弘安2年）

P76
MAP P120

—ご詠歌—

やみの世を
てらすほとけの
みひかりに
ふるる人こそ
実にぞうれしき

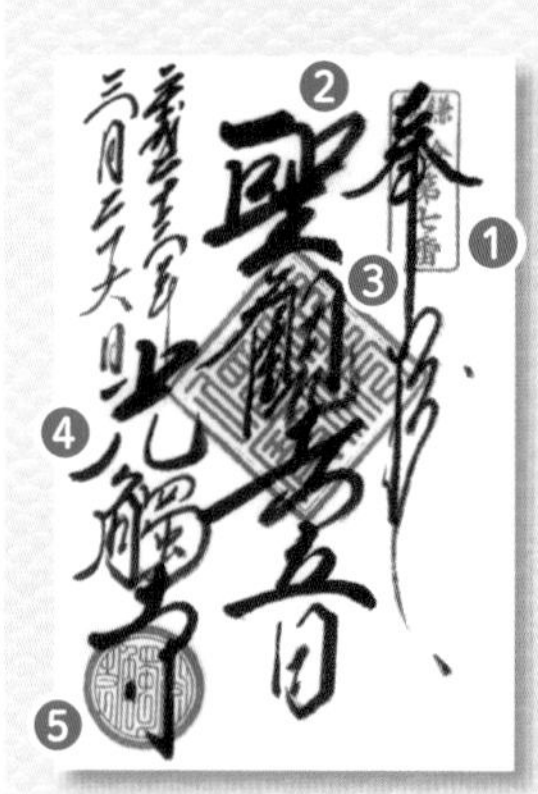

❶鎌倉観世音第七番奉拝
❷聖観世音
（しょうかんぜおん）
❸三宝印（仏法僧宝）
❹光触寺
❺光触寺

●所在地／鎌倉市十二所793　●電話／0467-22-6864
●アクセス／JR鎌倉駅から京急バス［鎌23・5番］太刀洗行き、［鎌24・5番］金沢八景行き十二所下車 徒歩1分
●駐車場／あり　●拝観時間／9:00～16:00
●拝観料／無料（本尊拝観/10人以上で予約1人300円）

第8番

鎌倉十三仏　第1番

飯盛山 明王院（みょうおういん）

真言宗泉涌寺派

■開山　鶴岡八幡宮別当定豪
■開祖　藤原頼経
■本尊　不動明王
■創建　1235年（嘉禎元年）

P92
MAP P120

—ご詠歌—

ももあまり
ハつとかぞふる
わづらいを
ひとたちにする
ちえのいちはし

▲本尊不動明王坐像などの五大明王像が祀られた本堂。

▲境内は撮影禁止になっています。

▲明王院の脇の小径は、瑞泉寺へ通じる「天園ハイキングコース」。

趣深い茅葺き屋根の本堂

バスが通る道路から入って、滑川にかかる泉水橋を渡り、少し歩くと突き当たりに見えてきます。明王院のある十二所という土地は、政所から見て鬼門の方角に位置しているため、鬼門除けとして五大明王を祀る寺として建立されたのが始まりと伝えられています。

毎月28日はお不動様の御縁日。明王院では午後1時から護摩法要執り行われ、誰でも参加することができます。

❶鎌倉観世音第八番奉拝
❷十一面観世音（じゅういちめんかんぜおん）
❸梵字カーンの印
❹五大堂明王院
❺鎌倉市明王院十二所

●鎌倉市十二所32　●電話／0467-25-0416
●アクセス／R鎌倉駅より京急バス［鎌23・5番］太刀洗行き・［鎌24・5番］金沢八景行き十二所下車、徒歩5分
●駐車場／なし
●拝観時間／9:00～16:00

第9番

鎌倉五山　第5位
鎌倉十三仏　第2番

稲荷山 浄妙寺

臨済宗 建長寺派

P92　MAP P121

▲本堂の屋根は起り(むくり)と呼ばれる膨らむような形で、寄棟の銅板葺きです。

■開山　退耕行勇
■開基　足利義兼
■本尊　釈迦如来
■創建　1188年（文治4年）

枯山水の庭園が美しい 足利氏ゆかりの寺

鎌倉五山第五位に列する稲荷山浄妙寺は、源頼朝公の重鎮・足利義兼が1188年に創建したお寺です。境内は広く、手入れが行き届いており、墓地にはこの寺の中興開基とされる足利貞氏のお墓もあります。裏山の鎌足稲荷神社には鎌倉の地名にまつわる伝説が残されています。

「喜泉庵」という茶室では一般参拝者も抹茶を楽しむことができ、境内の高台には、90年近い歴史を刻んだ洋館を改装したレストランがあります。

—ご詠歌—

はるばると
まいりておがむ
観世音
ほとけのおしえ
弥陀の浄土へ

ワンモア
ポイント

鎌倉五山第五位の風格があるお寺です。

●所在地　鎌倉市浄明寺3-8-31
●電話　0467-22-2818
●アクセス
JR鎌倉駅より京急バス
[鎌23・5番]太刀洗行き・
[鎌24・5番]金沢八景行き・
[鎌36・5番]ハイランド行き
浄明寺下車、徒歩2分
●駐車場　有(20台)有料
●拝観時間　9:00～16:30
●拝観料
大人100円　小学生50円

寺名の「妙」と地名の「明」が異なる理由は、さまざまな説がありますが、お寺の周りに修行者が集まり生活をするようになって「浄妙寺村」となりました。その後、お寺が鎌倉五山に制定され、地名を「浄明寺」と改めたと言われています。

本堂の左側に進むと立派な庭園と茶室が見えてきます。

▶ゆったりと庭を眺めながら抹茶をいただくことができます（干菓子付き600円）。

▲茶室「喜泉庵」

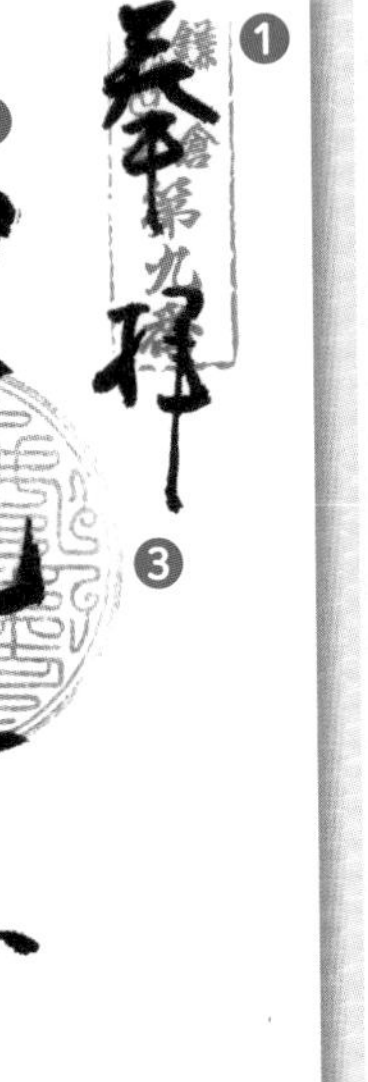

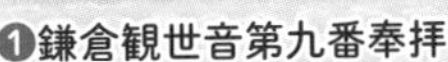

❶鎌倉観世音第九番奉拝
❷聖観世音（しょうかんぜおん）
❸三宝印（仏法僧宝）
❹稲荷山　浄妙寺
❺稲荷山　浄妙禅寺

▲案内板に従って登って行くと、石窯で焼くパンを提供するカフェ&レストラン「石窯ガーデンテラス（11:00～16:00 L.O.）」があります。

第10番
鎌倉十三仏　第8番

功臣山 報国寺（ほうこくじ）

臨済宗建長寺派

P95　MAP P121　▲本尊・釈迦如来像(鎌倉市指定文化財)が祀られ、寺の年間行事が行われます。

時を忘れていつまでもいたくなる竹の寺

足利家時が山文学を代表する天岸慧広（仏乗禅師）というお坊さんを招いて建てた禅寺。孟宗の竹林で有名な寺で「鎌倉の竹寺」と呼ばれています。平成19年春に再建された薬医門という形式の山門をくぐると、本堂まで続く参道の両側は、よく手入れされた庭園です。

本堂の左手に受付があり、竹林を散策することができます（有料）。竹林の奥のやぐらには、開基足利家時と永亨の乱で敗れ、この寺で自刃した足利義久の墓があります。

■開山　天岸慧広
■開基　足利家時
■本尊　釈迦如来
■創建　1334年（建武元年）

―ご詠歌―

よきにつけ
あしきにつけて
み仏の
たのむわが身は
いざくにのため

ワンモアポイント

宅間法眼が造ったという釈迦、文殊などがあるため別名宅間寺とも言われています。

●所在地
鎌倉市浄明寺2-7-4
●電話　0467-22-0762
●アクセス
JR鎌倉駅から京急バス
[鎌23・5番]太刀洗行き、
[鎌24・5番]金沢八景行き、
[鎌36・5番]ハイランド行き
浄明寺下車 徒歩2分
●駐車場　有（5台）無料
●拝観時間　9:00～16:00
●拝観料　竹林300円

竹林の中には茶処があり、竹の庭や小さな滝を眺めながら抹茶をいただけます（有料）。奥には、足利家時と一族の墓（やぐら）があり、多数の五輪塔が置かれているのが見られます。

本竹林の中は、石仏や五輪塔が配されています。

▶合戦によって戦死した者を供養するために建てられた無縁仏の五輪塔。

▶足利家時他一族の墓。岩肌をくりぬいて造られた横穴式墳墓です。

❶鎌倉観世音第十番奉拝
❷聖大悲殿（せいだいひでん）
❸三宝印（仏法僧宝）
❹報国寺
❺報国禅寺

▲初夏の雨上がりや秋の紅葉の時期、美しさを増します。

第11番
鎌倉二十四地蔵 第23番

帰命山 延命寺（えんめいじ）

浄土宗

▲五代執権北条時頼夫人が建てたといわれる寺。

▲赤穂浪士岡島八十右衛門の三男が住持したことがあると伝えられています。

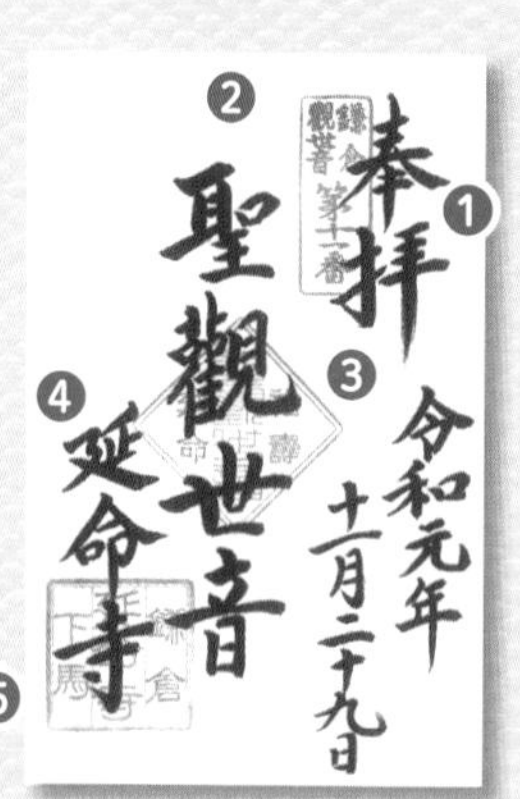
▲「古狸塚」

北条時頼夫人ゆかりのお寺

鎌倉幕府第5代執権「北条時頼」夫人が建立したと伝えられているお寺です。

本尊の阿弥陀如来像は、円応寺の閻魔王像の余った木材で作られたことから「木あまりの像」と呼ばれたり、予定より早く完成したことから「日あまりの像」とも呼ばれています。また、本堂に祀られている身代り地蔵は「裸地蔵」や「前出地蔵」とも呼ばれております。現在は法衣を身にまとっています。

■開山　専蓮社昌誉能公上人
■本尊　阿弥陀如来

P87
MAP P119

—ご詠歌—

うまれきて
　としのなきこそ
　　ものうけれ
たのむほとけの
　慈悲にのびゆく

奉拝 聖観世音 令和元年十一月二十九日 延命寺

❶鎌倉観世音第十一番奉拝
❷聖観世音（しょうかんぜおん）
❸福壽聖観世音延命
❹延命寺
❺鎌倉延命寺下馬

●所在地／鎌倉市材木座1-1-3
●電話／0467-22-5464
●アクセス／JR鎌倉駅東口より徒歩5分　●駐車場／なし
●拝観時間／9:00～16:00(本堂内拝観は前日までに要予約)
●拝観料／200円

第12番

鎌倉二十四地蔵第23番

中座山 教恩寺（きょうおんじ）

時宗

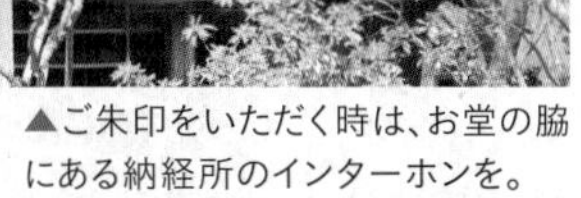

▲ご朱印をいただく時は、お堂の脇にある納経所のインターホンを。

▲山門の表梁にあった立派な「十六羅漢」の彫刻。

▲秋になると、境内は鮮やかに色づきます。

源頼朝と平重衡に関係のある阿弥陀仏像が安置されている寺

閑静な住宅地にある、こぢんまりとしたお寺です。山門には見事な十六羅漢の彫刻が施されています。

本堂に安置されている本尊の阿弥陀如来は、鎌倉時代、運慶が刻んだものと言われており、一ノ谷の合戦に敗れた平重衡が囚われの身となって鎌倉に連れてこられたとき、源頼朝が、平家一族の冥福を祈るために重衡に与えられたと伝えられています。

■開山　知阿上人
■開基　北条氏康
■本尊　阿弥陀如来三尊
■創建　1678年（延宝6年

MAP P119

―ご詠歌―

うえもなき
ほとけののりに
あう身こそ
世々にたうとき
めぐみなりけり

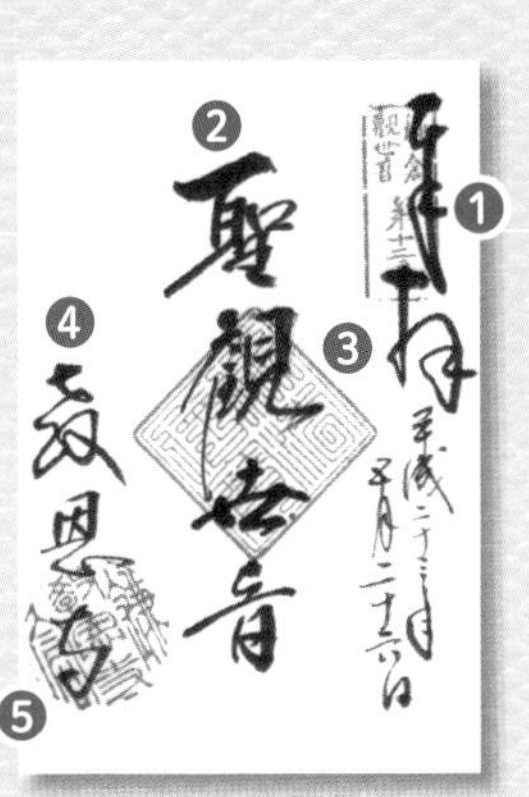

❶鎌倉観世音第十二番奉拝
❷聖観世音（しょうかんぜおん）
❸三宝印（仏法僧宝）
❹教恩寺
❺鎌倉教恩寺

●所在地／鎌倉市大町1-4-29
●電話／0467-22-4457
●アクセス／JR鎌倉駅東口より徒歩7分
●駐車場／なし　●拝観時間／9:00～16:00
●拝観料／志納

稲荷山 別願寺（べつがんじ）

時宗

MAP P122

▲古くから鎌倉公方歴代の菩提寺をして栄えた別願寺。ひっそりとたたずむ本堂。

■開山　覚阿公忍
■本尊　阿弥陀如来
■創建　1282年（弘安5年）

―ご詠歌―

とかおもく
まよいのつもる
つゆの身も
たのむ仏の
ひかりにぞきゆ

大きな藤の木は4月下旬から5月上旬が見頃

室町時代には足利一族が深く信仰し、鎌倉公方歴代の菩提寺として栄えたお寺です。もとは真言宗能成寺で、弘安五年（1287）、公忍上人（後に覚阿）が時宗に帰依し、寺号を別願寺としました。本堂脇の墓地には、第4代鎌倉公方「足利持氏」の供養塔と伝えられる巨大な宝塔があります。

4月下旬から5月初旬にかけて、境内は藤の花が見事に咲きます。棚に仕立てられていない立木仕立ての大きな藤の木は、見ごたえがあります。

ワンモアポイント

寺宝としては、鎌倉公方の足利氏満、足利満兼、足利持氏の寄進状など、10通ほどの古文書が保存されていますが、現在は鎌倉国宝館に預託しています。

●所在地　鎌倉市大町1-11-4
●電話　0467-22-8501
●アクセス
JR鎌倉駅東口より徒歩12分
●駐車場　有（1台）無料
●拝観時間　10:00～16:00
●拝観料　無料

鎌倉三十三観音の中で、札所本尊が唯一魚藍観音のお寺。魚藍観音は観音の三十三化身である三十三観音のひとりで中国で生まれた観音さまです。

普段は通りすぎてしまいそうな小さなお寺ですが、ふじの花の咲く頃はその見事さに思わず足を止めてしまいます。

▶境内にあるお社。

▶春先はさまざまな花がほころびます。

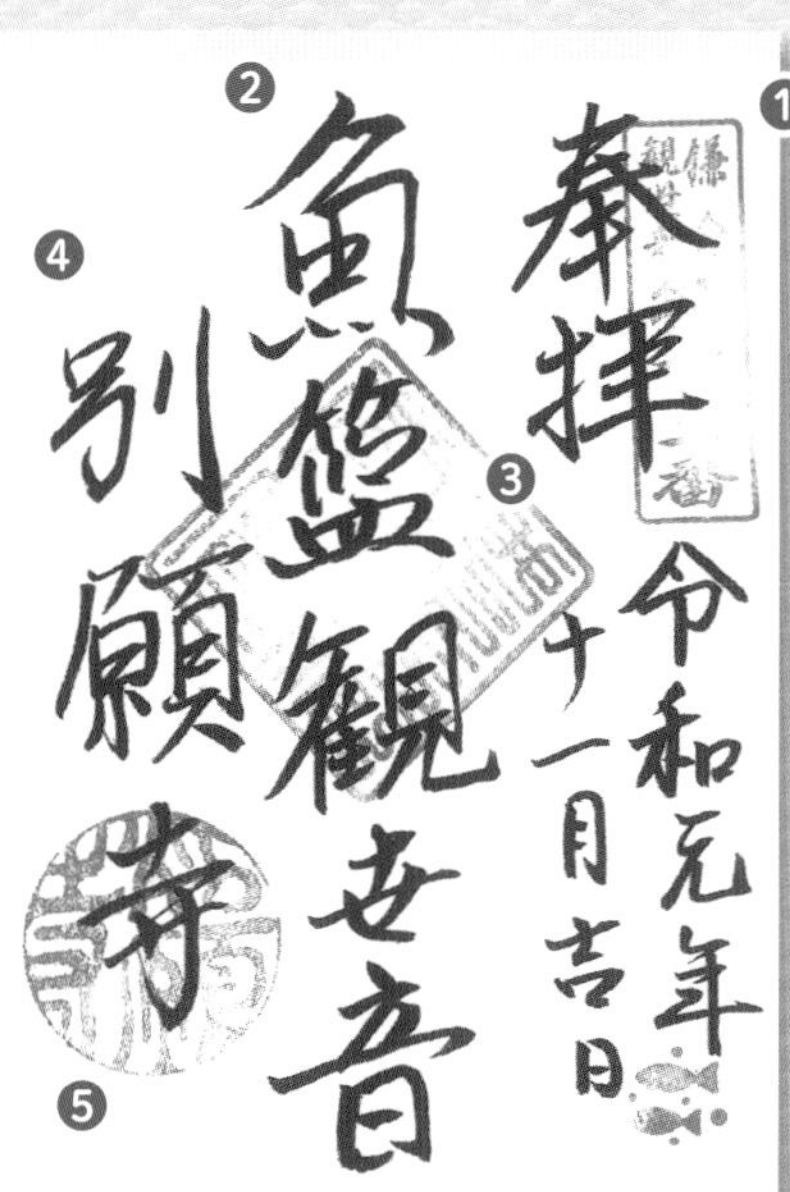

❶鎌倉観世音第十三番奉拝
❷魚藍観世音（ぎょらんかんぜおん）
❸三宝印（仏法僧宝）
❹別願寺
❺鎌倉大町稲荷山別願寺

▲春足利持氏の供養塔
3メートル以上の高さがある、巨大宝塔。四方に鳥居の浮彫りが施されています。

第14番

随我山 来迎寺（らいこうじ）（材木座） 時宗

■開山　音阿上人
■本尊　阿弥陀三尊
■創建　1194年（建久5年）

―ご詠歌―

たちいにも
念仏のこえを
たづねつつ
むかうる慈悲の
ふかきみほとけ

MAP P122

▲本堂は、瓦葺に宝珠を乗せ、流れ向拝を付した四間四面の宝形造り

鎌倉時代の武将、三浦大介義明公の墓も残るお寺

頼朝が伊豆で旗揚げした際に、三浦半島・衣笠で犠牲となった、最も信頼していた御家人・三浦大介義明の霊を弔うために建立したお寺です。開山の音阿上人が時宗に改宗し、来迎寺となりました。境内には、義明の木像や義明・重春の五輪塔の墓があります。

鎌倉三十三観音十四番札所で「子育て観音」が祀られており、この観音様に念ずれば、必ず知恵福徳円満な子どもを授かると言われています。四季折々にノウゼンカツラなどの美しい花が見られ、春先には大きなミモザの木が黄金色に花を咲かせます。

ワンモアポイント

納経所は本堂左手の庫裏で受付け。インターホンで納経の旨を告げます。留守の場合は玄関前に書置きのご朱印が置いてあるので、納経料を箱に入れて1枚いただきます。

●所在地
鎌倉市材木座2-9-19
●電話　0467-22-4547
●アクセス
JR鎌倉駅東口より京急バス
「逗子行（小坪経由）」
九品寺下車徒歩3分、
「九品寺循環」
五所神社バス停下車徒歩1分
●駐車場　有
●拝観時間　9:30～16:30
●拝観料　本堂拝観200円

三浦大介義明の武功を讃える境内には義明の木造と五輪塔墓があり、本堂の裏手には三浦一族の墓、100基あまりの五輪塔がならんでいます。

左が多々良三郎重春公之墓、右が三浦大介義明公之墓です。

▶100基あまりの五輪塔。

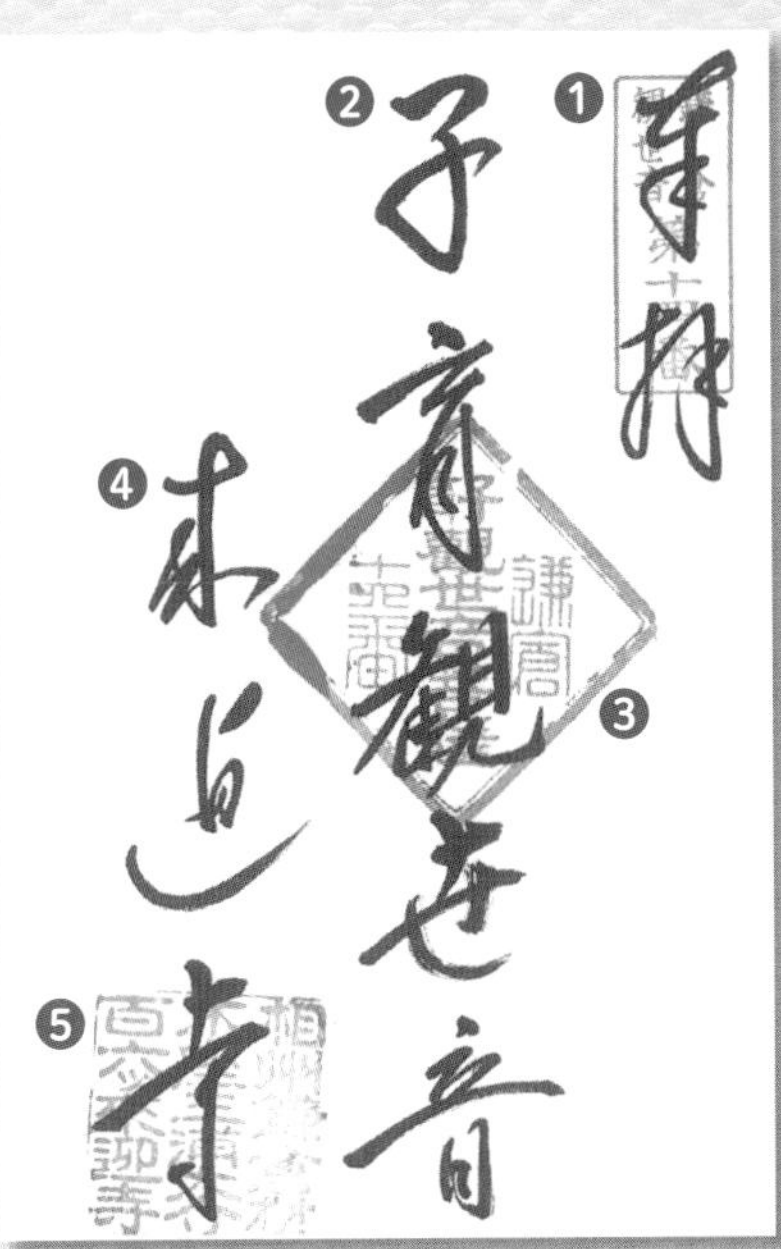

❶鎌倉観世音第十四番奉拝
❷子育世音（こそだてかんぜおん）
❸鎌倉子育観世音菩薩
❹来迎寺
❺相州鎌倉材木座三浦大介百六ツ来迎寺

▲境内に建つ「慈母観音」

鎌倉三十三観音
鎌倉二十四地蔵
鎌倉十三仏
七福神

円龍山 向福寺（こうふくじ）

時宗

MAP P122 ▲本堂と表門は関東大震災で全壊してしまい、昭和初期に建て直されました。

■開山　一向俊聖上人
■本尊　阿弥陀三尊
■創建　1282年（弘安5年）

—ご詠歌—

ふかき夜の
ゆめにすぐせし
わが身にや
さいはひにむく
しるべなるらん

踊り念仏で教えを広めた一向上人が開いたお寺

材木座の小町大路、五所神社のバス停から少し入ったところにひっそりと佇む、本堂と庫裡だけの、こぢんまりとしたお寺です。鎌倉時代に各地を遊行し、踊り念仏によって民を救済した時宗の開祖、一遍上人と同じように、この地に踊念仏で信仰を集めた一向上人の開山といわれています。

本堂の左側にある小さなお堂は、「丹下佐膳」の作者として知られている林不忘（本名 長谷川海太郎）が新婚生活を送ったといわれているところです。

ワンモアポイント

本尊は南北朝時代の造立といわれる阿弥陀如来像で、脇侍の観世音菩薩像・勢至菩薩像とで阿弥陀三尊像を形成しています。

●所在地
鎌倉市材木座3-15-13

●電話　0467-22-9498

●アクセス
JR鎌倉駅東口より
〈九品寺循環　バス〉
五所神社下車、徒歩2分

●駐車場　有（1台）無料

●拝観時間　終日開放

●拝観料　無料

「丹下左膳」で知られる林不忘は、大正15年に材木座に移り住み、ここで新婚生活を送ったと言われています。鎌倉では谷譲次、牧逸馬というペンネームも併せ持って、多くの作品を発表したそうです。

通常、本堂は閉まっていますが、ご朱印をいただく間、本堂を拝観させてもらえます。

▲ご朱印をいただく時は、庫裡の玄関でインターホンを鳴らします。

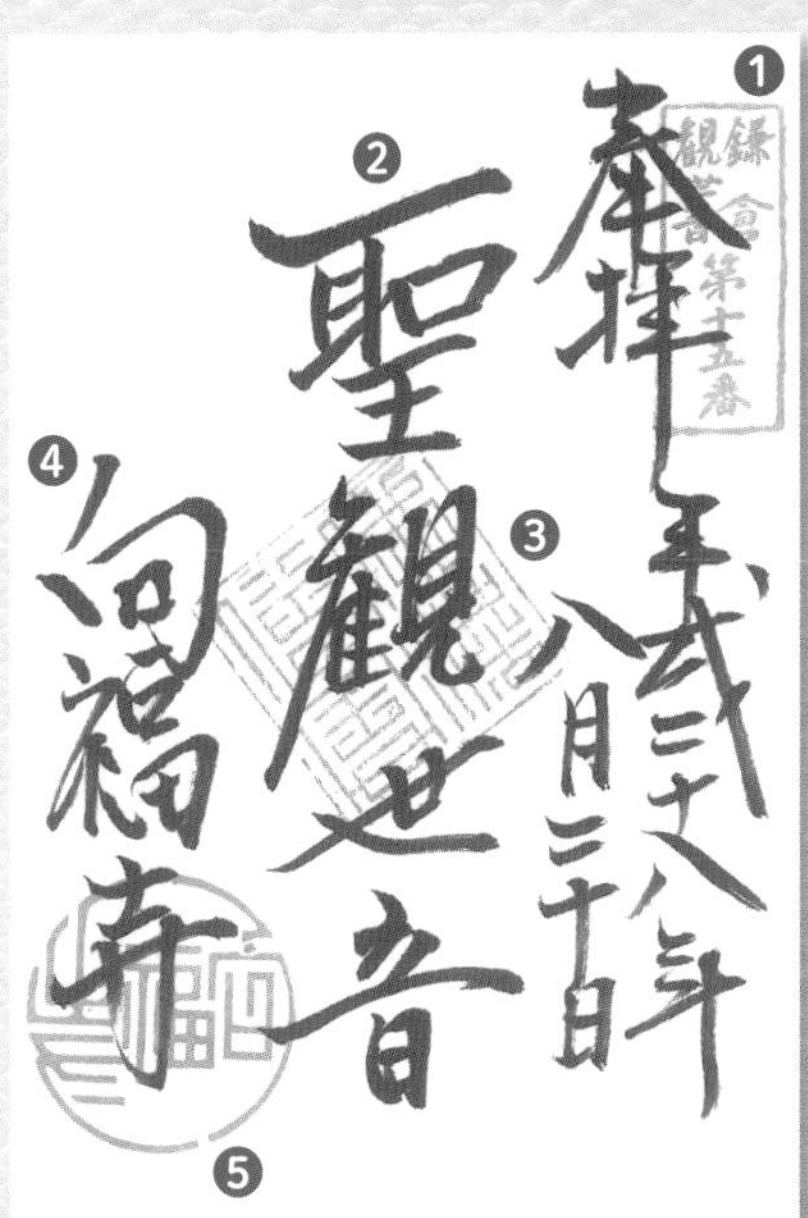

❶鎌倉観世音第十五番奉拝
❷聖観世音(しょうかんぜおん)
❸三宝印(仏法僧宝)
❹向福寺
❺向福寺

▲屋根付きの山門はなく、路地奥の入口に立つ「時宗向福寺」と刻ま　れた石柱が山門になっています。

第16番

内裏山 九品寺（くほんじ）

浄土宗

MAP P122 ▲日本国内で新田義貞ゆかりのお寺はここだけ。ご朱印は本堂の奥の建物まで。

■開山　風航順西
■開基　新田義貞
■本尊　阿弥陀如来
■創建　1336年（建武3年）

—ご詠歌—

なにはえの
よきもあしきも
おしなべて
いまはの人の
すくうのりかな

鎌倉唯一の新田義貞ゆかりの寺

材木座のバス通りに面していながら、静かでこぢんまりとしたお寺です。鎌倉攻めに入った新田義貞が本陣を構えた場所で、鎌倉幕府滅亡後に戦死者を弔うために建立したと言われています。

九品とは、極楽往生を願う人たちの生前の行いによって定められた9種類の往生のありさまのことで、「上品上生」「上品中生」「上品下生」「中品上生」「中品中生」「中品下生」「下品上生」「下品中生」「下品下生」。

ワンモアポイント

本尊の阿弥陀如来像は、玉眼をはめこんだ、宋元風彫刻を伝える貴重な仏像。市の重要文化財です。

●所在地
鎌倉市材木座5-13-14
●電話　0467-22-3404
●アクセス
JR鎌倉駅より京急バス[鎌12・7番]九品寺循環バス、九品寺下車徒歩2分・逗子行き、九品寺前下車すぐ
●駐車場　なし
●拝観時間　9:00〜16:00
●拝観料　志納

九品寺があるこの地は、１３３３年（元弘三年）、新田義貞の鎌倉攻めの際に、本陣を構えたところとされています。北条高時をはじめとする北条一族は自害し、鎌倉幕府は滅亡することとなります。九品寺は北条方の戦死者を弔うために建立されたお寺です。

春になると、木瓜やナニワイバラなどが境内を彩ります。

▶長い歴史を感じさせる山門。「内裏山」と書かれた扁額がかかってます。

▲九品寺にある六地蔵。鎌倉にはほかにも何箇所かあるので巡ってみるのもいい。

❶鎌倉観世音第十六番奉拝
❷聖観世音（しょうかんぜおん）
❸三宝印（仏法僧宝）
❹九品寺
❺内裏山鎌倉九品寺材木座

▲山門の「内裏山」と本堂の「九品寺」の扁額は新田義貞の直筆を写　したものです。

南向山 補陀洛寺（ふだらくじ）

真言宗大覚寺派

■開山　文覚上人
■開基　源頼朝
■本尊　十一面観音菩薩
■創建　1181年（養和元年）

—ご詠歌—

みほとけの
ちかいもふかき
海原の
ひろき世にしく
慈悲のおしへは

MAP P122　▲本堂には数多くの仏像が安置されています。

頼朝の祈願所として創建された、頼朝ゆかりのお寺

材木座海岸の近くの閑静な住宅街にある、石柱を山門とした小さなお寺です。手入れの行き届いた境内には、樹齢150年を越える百日紅があり、夏には花を咲かせます。たびたび竜巻に襲われたため、別名「竜巻寺」と呼ばれています。

源頼朝が鎌倉に入った翌年の1181年、頼朝の祈願所として創建。「源頼朝公御祈願所補陀洛寺」の古い石標が立っています。本尊の十一面観音菩薩立像をはじめ、頼朝自作とされる頼朝像や、木造文覚上人裸形像などがあります。

ワンモアポイント

平家の赤旗は、毎年鎌倉まつりの4月第2週からゴールデンウィーク明けまで公開されています。

●所在地
鎌倉市材木座6-7-31
●電話　0467-22-8559
●アクセス
鎌倉駅より京急バス[鎌40・7番]小坪経由逗子駅行き、材木座下車徒歩2分
●駐車場　なし
●拝観時間　9:00〜日没
●拝観料　無料（内拝は志納）

70㎝×40㎝の「平家の赤旗」が保管されています。平家滅亡の折、総大将平宗盛が最後まで持っていたものと伝えられており、「九万八千軍神」の文字が読め、伝えによると平清盛によって書かれたのではないかと言われています。

中央が本尊の十一面観音菩薩立像

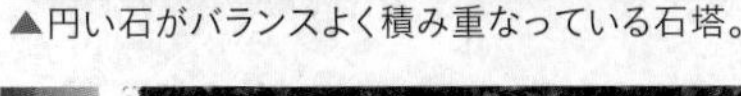
▲円い石がバランスよく積み重なっている石塔。

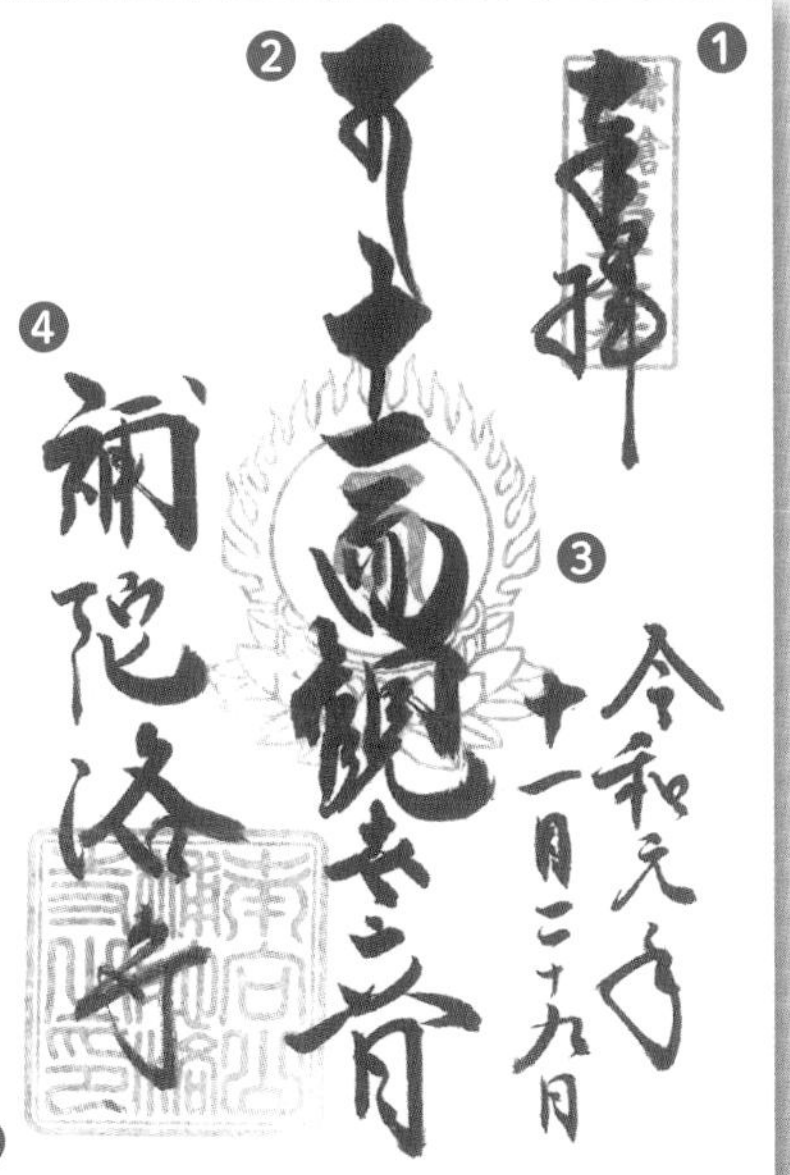

❶鎌倉観世音第十七番奉拝
❷十一面観世音菩薩（じゅういちめんかんぜおんぼさつ）
❸梵字キャの字
❹補陀洛寺　❺南向山補陀洛寺之印

▲「源頼朝公御祈願所補陀洛寺」の古い石標が立っています。

鎌倉三十三観音
鎌倉二十四地蔵
鎌倉十三仏
七福神

P87　MAP P122　▲大殿は百本柱のお堂としても有名。

第18番

鎌倉二十四地蔵
第22番

大本山 光明寺（こうみょうじ）

浄土宗

■開山　然阿良忠上人
■開基　北条経時
■本尊　阿弥陀如来
■創建　1243年（寛元元年）

—ご詠歌—

いづる日も
入る日とともに
南無阿弥陀
ほとけのひかり
うけぬ日ぞなき

関東瑞一といわれる巨大な山門が目印の浄土宗の大本山

「入る者を拒まない」ということから、開放的な雰囲気が感じられるお寺です。大殿（本堂）は、木造の古建築では鎌倉一の大きさを誇り、国の重要文化財に指定されています。大殿右檀には、善導大師立像と弁財天像、左檀には、如意輪観音像と宗祖法然上人像が安置されており、自由に拝観することができます。

大殿南側には「三尊五祖の石庭」があり、浄土宗の教えの流れが、庭園の中に石で表現されています。また、光明寺の背後の天照山からの景観も美しいものです。

ワンモアポイント

本堂左手にある小堀遠州の作と伝わる「記主庭園」の池に咲く蓮は7月～8月中旬が見頃。

●所在地
鎌倉市材木座6-17-19
●電話　0467-22-0603
●アクセス
鎌倉駅から京急バス
[鎌40・7番]小坪経由逗子駅行き、光明寺下車徒歩1分
●駐車場　有（30台）無料
●拝観時間
4月1日～10月14日 6:00～17:00
10月15日～3月31日 7:00～16:00
●拝観料　志納

山門は間口約16m、奥行約7m、高さ約20mで、鎌倉の寺院の門では最大のもの。毎年桜の季節に催される「観桜会」と秋の「十夜法要」の期間のみ、普段非公開の山門内部が公開されます。通常は20人以上の申し込みで拝観可能（1人500円）。

左檀に安置されている「如意輪観音像」(右)と「宗祖法然上人像」(左)。

▶境内にある「延命地蔵尊」。

▲「阿弥陀如来立像」

❶鎌倉観世音十八番奉拝
❷如意輪観世音
（にょいりんかんぜおん）
❸火炎宝珠に梵字「キリク」
❹大本山光明寺　❺大本山光明寺

▲山門と総門。山門は鎌倉の寺院の門では最大です。

記主庭園
本堂の左手にある庭園。「記主」とは、開山の然阿良忠のこと。江戸時代の建築家・作庭家の小堀遠州にゆかりがあるといわれています。7〜8月には美しい蓮が見られます。

▲三尊五祖の石庭
本堂の右手にある枯山水様式の庭。八つの石が並べられており、三尊（阿弥陀・観音・勢至）・五祖（釈迦・善導・法然・鎮西・記主）をあらわしています。5月にはつつじがきれいに咲きます。

▶天照山
光明寺の背後の山を総称して天照山といいます。中腹に開山の良忠上人をはじめ、光明寺の開基である北条経時公（法名蓮華寺殿安楽大禅定門）の墓所があります。

▲開山の良忠上人の墓（左）と開基北条経時の墓（右）

▲記主庭園の奥に建てられた大聖閣。

▲「かながわの景勝50選」にも選ばれた、天照山からの景観。

第19番 蓮乗院（れんじょういん）

浄土宗

▲本堂の板襖絵や格天井絵も見事。

▲門の片隅には、相模二十一ヶ所弘法大師霊場の11番札所であることを示す石碑が。

▲光明寺山門の右手に建つ蓮乗院の山門。

光明寺草創以前から この地にあったお寺

光明寺の総門から山門に向かって右側にひっそりと佇むお寺です。もとは蓮乗寺という真言宗のお寺で、光明寺がこの地に創建されてから、蓮乗院と名を改めたといわれています。光明寺を開山した記主禅師良忠上人が、落成に至るまでの間、この蓮乗院に住居して建築を督励したそうです。光明寺に入山する新住職は、いったん蓮乗院に入ってから光明寺方丈に向かうという慣習が残されています。

■本尊　阿弥陀如来

MAP P122

―ご詠歌―

にごる世に
まよふわが身の
このままに
はすのうてなに
のるぞうれしき

❶鎌倉観世音十九番奉拝
❷十一面観世音（じゅういちめんかんぜおん）
❸三宝印（仏法僧宝）
❹蓮乗院
❺鎌倉市蓮乗院材木座

●所在地／鎌倉市材木座6-16-15　●電話／0467-22-5835
●アクセス／鎌倉駅から京急バス［7番のりば］小坪経由逗子駅行き、光明寺下車徒歩1分
●駐車場／なし●拝観時間／9:00～16:00　●拝観料／無料

第20番

天照山 千手院（せんじゅいん）

浄土宗

■本尊　阿弥陀如来

―ご詠歌―

かづかづの
のぞみもとむる
もろひとの
ねがひをはたす
ちかひをぞきく

MAP P122

江戸時代には住職が子どもたちに読み・書き・そろばんを教えた

光明寺に向かって左側にある千手院は、光明寺が大檀林（仏教の最高の学問を修める所）だった時、各地から集まった学僧たちの修行道場である僧坊のひとつとして建てられたと伝えられています。江戸時代には、住職が近所の子どもたちに読み書きなどを教えるようになったそうです。

こぢんまりとした境内は、手入れが行き届き、清楚な美しさが感じられます。本堂の拝観はできませんが、納経は本堂右手の庫裏で受付けてもらえます。

ワンモアポイント

開山や開基、起立年次については、史料を欠き、詳らかではありません。

●所在地
鎌倉市材木座6-12-8

●電話　0467-23-0305

●アクセス
鎌倉駅から京急バス[鎌40・7番]小坪経由逗子駅行き、光明寺下車徒歩3分

●駐車場　なし

●ご朱印受付時間
9:00〜16:00

本堂手前には「子恵地蔵尊像」が安置されています。境内にある芭蕉の句碑は、当院の住職であり寺子屋の先生でもあった定賢和尚の死をしのんだ教え子が当時十四歳の息子に書かせ建てたものです。

静かな境内でほっとひと息。

▶境内にある「子恵地蔵尊」。

▲定賢和尚の教え子が、和尚の死をしのび息子に書かせた句碑。

❶鎌倉観世音二十番奉拝
❷梵字・千手観世音
（キリーク・せんじゅかんぜおん）
❸三宝印（仏法僧宝）
❹千手院　❺鎌倉千手院

鎌倉三十三観音
鎌倉二十四地蔵
鎌倉十三仏
七福神

P98　MAP P123

▲本堂には、本尊の不動明王像、大日如来像、札所本尊の聖観音像が祀られています。

第21番

鎌倉十三仏 第13番

普明山 成就院（じょうじゅいん）

真言宗 大覚寺派

■開山　弘法大師
■開基　北条泰時
■本尊　不動明王
■建立　1219年（承久元年）

—ご詠歌—

なにごとも
こころのままに
成就院
ほとけのちかひ
たのもしきかな

参道から見る由比ガ浜の海は絶景

極楽寺坂切通しにあり、海側に成就院へのぼる108段の石段があります。

本尊の不動明王は「縁結び不動」で知られ、縁結びのご利益を授かりに、多くの人たちが参拝に訪れます。また、参道を坂ノ下側に下った先には、境外仏堂である「虚空蔵堂（鎌倉十三仏第13番）」があります。

ワンモアポイント

「縁結び」「所願成就」「身代わり」の3種類のお守りをケータイ向けに「配信」したことがあり、公式に寺院でお祓いをしたケータイ待ち受け画像は世界初です。

●所在地
鎌倉市極楽寺1-1-5
●電話　0467-22-3401
●アクセス
江ノ島電鉄極楽寺駅より
徒歩5分
●駐車場　なし
●拝観時間　8:00〜17:00
●拝観料　無料

鎌倉十三仏第13番の「虚空蔵堂（明鏡山円満院星井寺）」も成就院が管理しており、虚空蔵堂下にある「星ノ井」は、「星月ノ井」とも呼ばれ、鎌倉十井のひとつです。

境内にある「本尊御分身」と書かれた 不動明王像。

▲境本堂前にある龍の手水。龍の口から流れ出る水は鎌倉一透明な水で知られているそうです。

▲境平安時代、文覚上人が自ら彫ったという木像「文覚上人荒行の像」が安置されています。写真はレプリカ。

❶鎌倉観世音第二十一番
❷梵字・聖観世音（サ・しょうかんぜおん）
❸梵字サの印
❹成就院
❺成就院印

▲参道の向こうに広がる由比ヶ浜。

第22番

鎌倉二十四地蔵　第20番　第21番
鎌倉十三仏　第12番

霊鷲山 極楽寺（ごくらくじ）

真言律宗

P85・86・97　MAP P123

▲鎌倉唯一の真言律宗のお寺です。

■開山　忍性菩薩
■開基　北条重時
■本尊　釈迦如来
■創建　1259年（正元元年）

―ご詠歌―

みのりとく
わしのみやまを
まのあたり
弥陀のみくにに
入るここちして

慈善事業家として活躍した忍性が開いたお寺

江ノ電極楽寺駅の改札を出て左へ。駅から2分ほど歩くと極楽寺があります。茅葺きの山門から桜並木の参道を進んだ先には本堂、大師堂、転法輪殿（宝物館）などが建っており、本堂前には忍性が薬づくりに使ったとされる「千服茶臼」と「製薬鉢」があります。

本尊の釈迦如来立像は転法輪殿に安置されており、国の重要文化財に指定されています。本尊開扉されるのは毎年花祭りとその前後の4月7日～9日だけで、8日には、奥の院にある忍性の墓も公開されます。

ワンモアポイント

境内には施薬院、療病院、薬湯寮などの施設があり、医療・福祉施設としての役割も果たしていました。

●所在地
鎌倉市極楽寺3-6-7
●電話　0467-22-3402
●アクセス
江ノ島電鉄極楽寺駅より
徒歩2分
●駐車場　なし
●拝観時間　9:00～16:30
●拝観料
無料（宝物館は300円）

完成当時の極楽寺は、七堂伽藍と多くの塔頭を持つ壮大な寺院でしたが、新田義貞の鎌倉攻めによって焼失し、その後も度重なる自然災害や火事に見舞われ、焼失と復興を繰り返してきました。

風情のある小さな茅葺きの山門。

▶極楽寺ノ井
開山忍性が、粥を施すために使用した井戸と伝えられています

▲忍性が薬づくりに使ったとされる「製薬鉢」

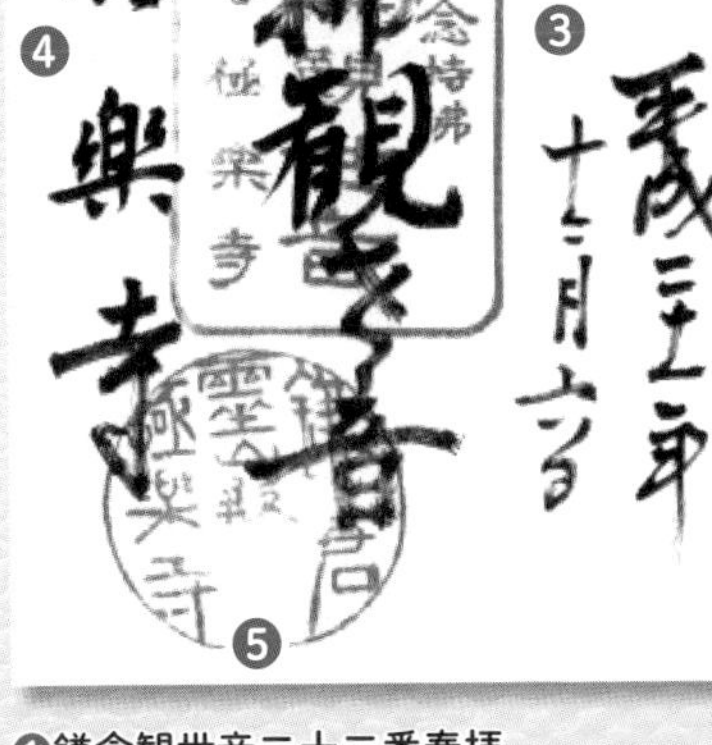

❶鎌倉観世音二十二番奉拜
❷如意輪観世音（にょいりんかんぜおん）
❸常盤御前念持佛如意輪観世音鎌倉極楽寺
❹極楽寺
❺鎌倉霊山殿極楽寺

▲関東の駅100選に選ばれた極楽寺駅。
古い木造の駅舎です。

第23番

大異山 高徳院（こうとくいん）

浄土宗

■本尊　阿弥陀如来
■創建　1238年（暦仁元年）

―ご詠歌―

かぎりなき
いきとしいける
ものをみな
もらさでめぐむ
慈悲のちぶさに

P85・86・97　MAP P123

▲観月堂には、札所本尊の聖観音像が祀られています。

鎌倉のシンボルともいえる鎌倉大仏

境内に入り、仁王門を過ぎて、左にある受付で拝観料を払うと、目の前に大仏が見えます。国宝であるこの大仏が本尊で、「鎌倉大仏」または「長谷の大仏」の名で親しまれています。大仏の裏手には「みだれ髪」などで知られる女流歌人、与謝野晶子の歌碑があり、「かまくらや みほとけなれど釈迦牟尼は 美男におわす夏木立かな」と刻まれています。

台座の側面から大仏の胎内に入ると、内壁の大きな格子模様を見ることができます。

ワンモアポイント

「鎌倉大仏」または「長谷の大仏」の名で親しまれている大仏様は、奈良東大寺の大仏、富山県高岡の大仏とともに「三大大仏」といわれています。

●所在地
鎌倉市長谷4-2-28

●電話　0467-22-0703

●アクセス
江ノ島電鉄長谷駅より徒歩7分

●駐車場　なし

●拝観時間
8:00〜17:30
(10〜3月は17:00まで)
大仏胎内8:00〜16:30

●拝観料
大人300円　小学生150円
大仏胎内は20円　障害者無料
※入場は開閉15分前まで（大仏胎内は10分前まで）

当初の大仏は木造でしたが、1247年（宝治元年）、大風により崩壊したため、1252年（建長4年）から10年以上の歳月をかけて造立されたと言われています。

露坐の大仏」として名高い高徳院の本尊、国宝銅造阿弥陀如来坐像。像高約11.3m、重量約121t。

▶極長さ1.8m、幅0.9m、重量45kgにも及ぶ大きな藁草履。

▲大仏像の背後には青銅製の蓮弁4枚が安置されています。

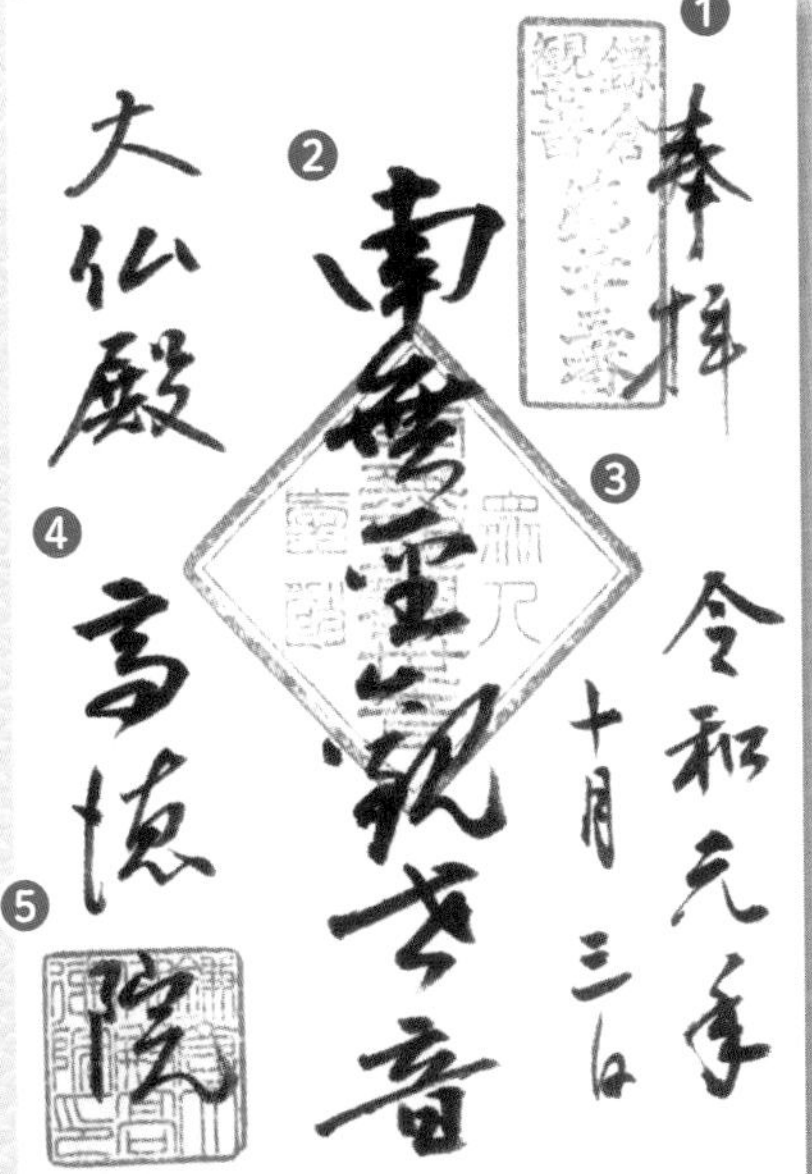

❶鎌倉観世音第二十三番
❷南無聖観世音（なむしょうかんぜおん）
❸南無聖観世音
❹高徳院
❺鎌倉大仏殿高徳院

▲山門は、18世紀初頭、内部に安置された一対の仁王像とともに　他所より移築されたものと伝えられています

第24番

鎌倉五山　第3位
鎌倉二十四地蔵　第18番
鎌倉十三仏　第4番

亀谷山 壽福寺

臨済宗建長寺派

P84・93　MAP P119

▲お正月やゴールデンウィークのみ境内が一般公開されます。

■開山　栄西
■開基　北条政子
■本尊　宝冠釈迦如来
■創建　1200年（正治2年）

―ご詠歌―

きよみづを
てつ井にうつす
観世音
すふの世までも
ひかりかがやく

四季折々総門から中門まで まっすぐ延びた参道が美しい

鎌倉五山第3位。源頼朝の妻、北条政子が頼朝の死後、栄西を招いて建てたお寺と伝えられています。外門から山門までの参道と裏山の墓地は公開されていますが、普段、境内は一般公開されておらず、お正月とゴールデンウィークのみ入ることができます。

墓地には、高浜虚子、大佛次郎などの墓があり、さらにその奥のやぐらには、頼朝と政子の二男で、三代将軍の源実朝と政子の墓とされる五輪塔があります。

ワンモアポイント

扇ガ谷は、源頼朝の父・源義朝の屋敷があったといわれており、その菩提を弔うためのお堂が建てられました。

●所在地
鎌倉市扇ガ谷1-17-7
●電話　0467-22-6607
●アクセス
鎌倉駅西口より徒歩10分
●駐車場　なし
●拝観時間　日没まで
●拝観料　無料
（中門まで拝観可能）

源実朝の五輪塔が置かれているやぐらは、当時、牡丹唐草の文様が彩色されていたことから「唐草やぐら」・「えかきやぐら」と呼ばれたと伝わります。

木々に囲まれた静寂な参道。四季折々の風景が楽しめます。

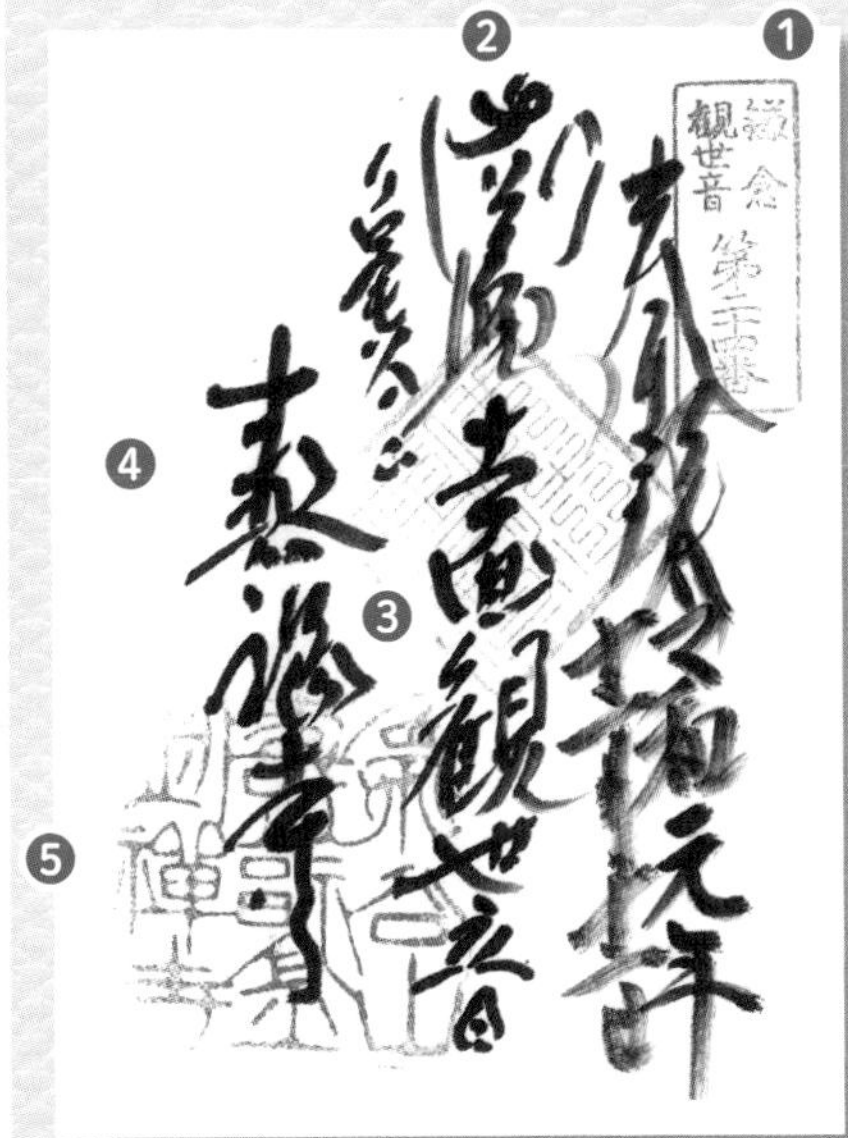

❶鎌倉三十三観世音第二十四番奉拝
❷南無十一面観世音
（なむじゅういちめんかんぜおん）
❸三宝印（仏法僧宝）　❹亀谷山壽福寺
❺亀谷山壽福金剛禅寺

▲仏殿前の柏槇の古木は、市の天然記念物に指定されています。

第25番

鎌倉二十四地蔵　第16番・第17番
鎌倉十三仏　第9番

泉谷山 浄光明寺（じょうこうみょうじ）

真言宗泉涌寺派

■開山　真阿（真聖国師）
■開基　北条長時
■本尊　阿弥陀三尊
■創建　1251年（建長3年）

―ご詠歌―

ありがたや
いづみがやつの
きよみづに
こころのあかを
あらふもろ人

P83・96　MAP P119

▲山門を入ると左に客殿と庫裡。
本堂は石段をのぼったところにあります。

中世鎌倉地方彫刻の代表的な阿弥陀三尊像

住宅地の奥にある小さな山門を入ると、広々とした境内。右手の不動堂は延享2年（1745）頃に建てられた古い建造物で、不動明王（八坂不動）がまつられており、大晦日の除夜の鐘の間だけ公開されます。

客殿奥の階段を上がると阿弥陀堂があり、阿弥陀堂（本堂）の横の収蔵庫には、本尊である阿弥陀三尊坐像が安置されています。拝観（200円）は、木・土・日曜・祝日のみで、8月と雨・多湿の日は中止。三像とも国の重要文化財に指定されています。

ワンモアポイント

阿弥陀堂横の収蔵庫に安置されている「矢拾地蔵」は、足利尊氏の弟直義を、矢を拾い集めて助けたと言われている地蔵菩薩です。

●所在地
鎌倉市扇ガ谷2-12-1
●電話　0467-22-1359
●アクセス
JR鎌倉駅西口より徒歩15分
●駐車場　なし
●拝観時間　9:00～16:00
●拝観料　無料
（阿弥陀堂拝観は200円）

1251年（建長3年）、鎌倉幕府の六代執権の北条長時が真阿（真聖国師）を開山として創建しました。本堂前には樹齢750年といわれるマキの大木（市指定天然記念物）があります。

本堂は本尊・阿弥陀三尊像を安置していたことから阿弥陀堂と呼ばれています。

▶虚空蔵菩薩。

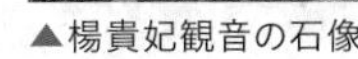
▲楊貴妃観音の石像

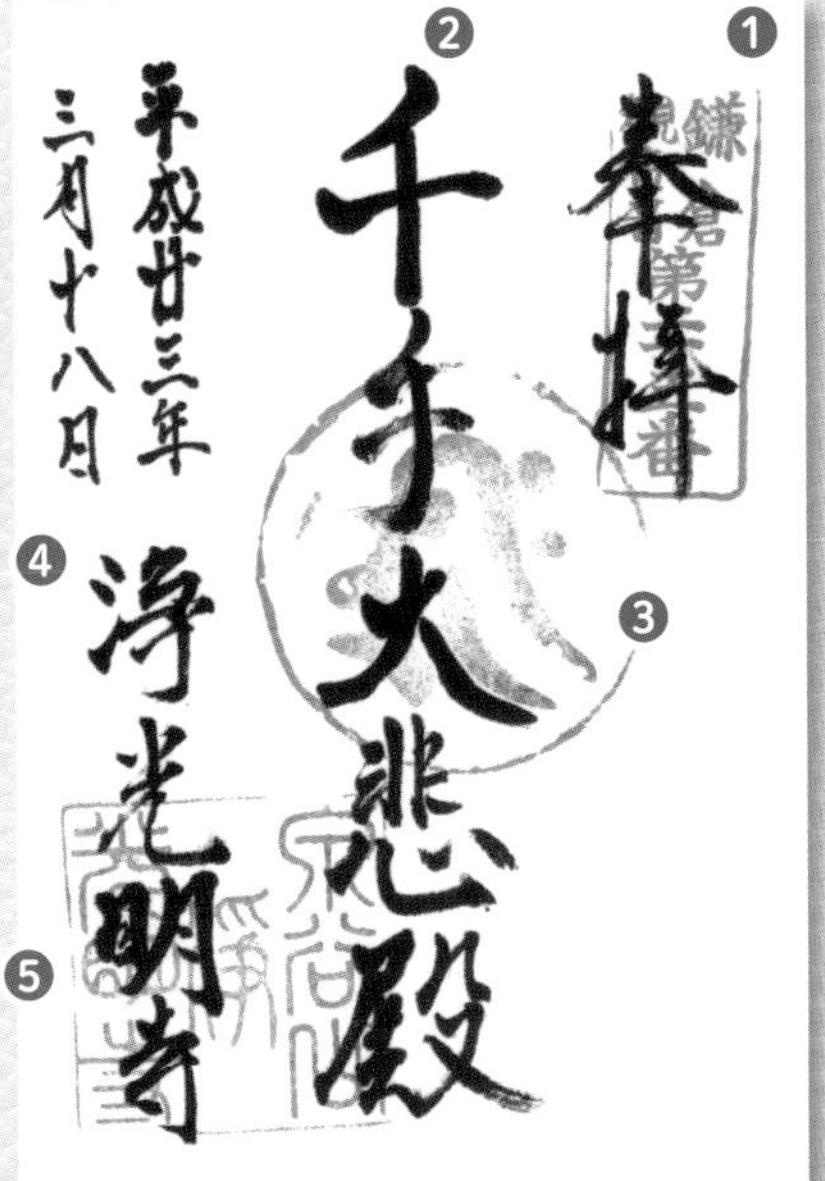

❶鎌倉三十三観世音第二十五番奉拝
❷千手大悲殿（せんじゅだいひでん）
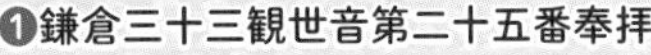
❸梵字・キリィークの印
❹浄光明寺
❺泉谷山浄光明寺

▲不動堂は延享2年(1745)頃に建てられた古い建造物です。

P82・95　MAP P119

▲心昭空外像が安置されている本堂。

第26番

鎌倉三十四地蔵　第15番
鎌倉十三仏　第7番

扇谷山 海蔵寺（かいぞうじ）

臨済宗
建長寺派

■開山　心昭空外
■開基　上杉氏定
■本尊　薬師如来
■創建　1394年(応永元年)

―ご詠歌―

ふだらくの
ちかひもひろき
うめがやつ
いろかもおなじ
のりのすがたぞ

緑豊かな谷戸に佇む水と花の古寺

鎌倉駅から歩いて20分ほど。横須賀線のガードの前を過ぎて、閑静な住宅地の先に、緑に囲まれた山門が見え、入口の右に鎌倉十井のひとつ「底脱の井」があります。

仏殿には本尊薬師如来、脇侍、十二神将、伽藍神が安置されていおり、薬師如来の胸部には四角い扉があって、その中に薬師如来の頭部が収められていることから「啼薬師」や「児護薬師」と呼ばれ、子育てにご利益があるといわれています。仏殿の裏のトンネルをくぐると岩窟があり、「十六の井」が見られます。

ワンモアポイント

十六の井がある岩窟内部正面の壁面には、観音菩薩像が安置されています。

●所在地
鎌倉市扇ガ谷4-18-8
●電話　0467-22-3175
●アクセス
鎌倉駅西口より徒歩20分
●駐車場　有(20台)無料
●拝観時間　9:30〜16:00
●拝観料　十六ノ井100円

毎晩赤ん坊の泣き声が聞こえ、源翁禅師が行ってみると、金色の光る古い墓が。禅師が経を読みながら掘っていくと、薬師さまの顔が現れました。その薬師さまの顔を薬師像の胎内に納めたといわれています。

胎内仏をおさめた本尊薬師如来像（中）。胎内の像を拝観できるのは61年ごと。

▶十六の井
やぐらの中には四つずつ四列に並んだ十六　の穴が掘られ、澄んだ清水がわいています。

▶底脱ノ井
「千代能がいだく桶の底脱けて水たまらねば月もや　どらじ」と詠んだことからこの名が付きました。

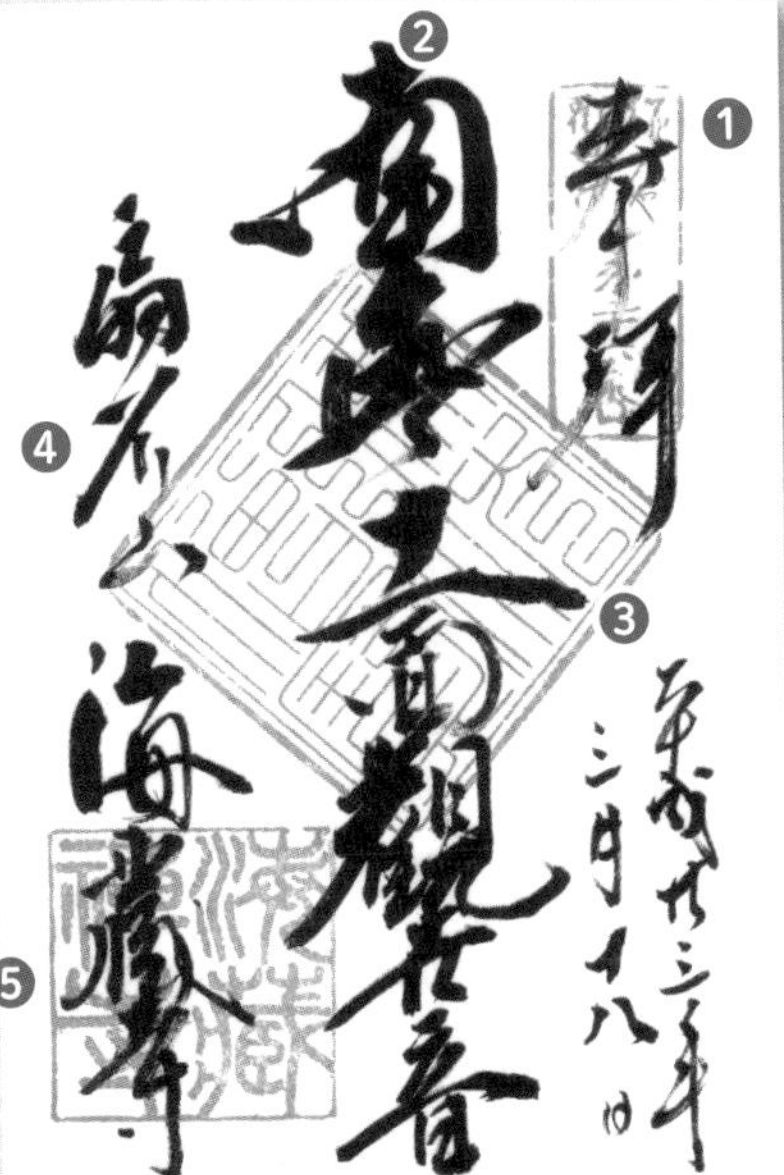

❶鎌倉三十三観世音第二十六番奉拝
❷南無十一面観世音（なむじゅういちめんかんぜおん）
❸三宝印（仏法僧宝）
❹扇谷山海蔵寺　❺海蔵禅寺

▲スイセン・梅・椿・ツツジ・萩など、四季の花が彩ります。

若昇山 妙(みょう)高(こう)院(いん)

臨済宗建長寺派

■開山　肯山聞悟
■本尊　宝冠釈迦如来
■創建　1346年(貞和2年)

MAP P124

▲建長寺総門を入り、受付で拝観料を納めます

建長寺二十八世肯山聞悟の塔所

妙高院は、総門を抜けた右側の一段高いところにあり、石段を上がると、柵で閉ざされた門があります。入口には「寺関係者以外出入禁止」と書かれていますが、鎌倉三十三観音巡礼者は、山門の脇戸から中に入り、本堂でお参りした後、庫裏でご朱印をいただくことができます。

霊場めぐりは、信仰心を高めて、亡き人の供養をし、自分自身を再発見し、救済を見いだすための旅です。巡礼にふさわしい信仰の態度を保つことを心がけましょう。

—ご詠歌—

そめいろの
かづかづうつる
世の中を
ひとすじにとく
みほとけののり

❶鎌倉観世音第二十七番奉拝
❷聖観世音（しょうかんぜおん）
❸三宝印（仏法僧宝）
❹若昇山妙高院
❺妙高院

●所在地／鎌倉市山ノ内9　●電話／0467-25-1005
●アクセス／鎌倉駅から江ノ電バス[2番大船駅行き]建長寺下車徒歩1分　JR北鎌倉駅より徒歩20分　●駐車場／なし
●拝観時間／8:30～16:30(建長寺)　●拝観料／300円(建長寺)

建長寺は「けんちん汁」発祥の地？

けんちん汁とは……
野菜とくずした豆腐をいためて作る汁物で、精進料理なので肉は入らず、多くは塩としょうゆで味付けされます。

けんちん汁の「けんちん」とは、中国から伝わった卓袱料理（しっぽくりょうり）のひとつである「捲繊（巻繊、巻煎）（ケンチェン、ケンセン）」に由来するといわれていますが、建長寺で修行僧が食べていた建長汁なる料理がなまって「けんちん汁」になったという説もあります。

昔、建長寺の修行中の小僧さんが、誤って床に落としてこわしてしまったお豆腐を見て困っていると、建長寺の開山、蘭渓道隆（らんけいどうりゅう）が、くずれた豆腐と野菜を煮込み、とてもおいしい「建長寺汁」を作った、それにちなんで「建長寺汁」、「建長汁」と呼ばれるようになり、言葉がなまって「けんちん汁」と変化した、というお話があるそうです。

「建長汁」で有名なお店

鎌倉五山

北鎌倉駅から建長寺の方向へ歩いて6～7分のところにある、老舗のお食事処です。おいしい豆腐と野菜たっぷりの「建長汁」がいただけます。自家製のタレで炊き込んだ「紫陽花ごはん」とのセットもおすすめです。

紫陽花セット
紫陽花ごはん・建長汁・山菜・お新香付き

●所在地　鎌倉市山ノ内1435
●電話　0467-25-1476
●営業時間　10:00～16:00(L.O.)
●休業日　なし

第28番

鎌倉二十四地蔵　第9番
第10番　第11番

巨福山 建長寺（けんちょうじ）

臨済宗
建長寺派
大本山

P79・80　MAP P124

▲仏殿。本尊の地蔵菩薩坐像は室町時代の作で2.4メートルあります。

鎌倉五山第一位の臨済宗建長寺派の大本山

総門、三門、仏殿と一直線に並ぶ伽藍の周囲を10の塔頭寺院が取り囲んでいます。建長寺は五代執権北条時頼が、宋の蘭渓道隆を招いて開いた日本で初めての「禅専門道場」のお寺です。

禅寺の本尊は一般的には釈迦如来ですが、建長寺が建立されるまでは「心平寺」という寺があって、地蔵堂が残されていたことから、地蔵菩薩を本尊としたといわれています。本尊の地蔵菩薩坐像は仏殿に安置されています。

■開山　蘭渓道隆
■開基　北条時頼
■本尊　地蔵菩薩
■創建　1253年（建長5年）

―ご詠歌―

世の中の
やみぢをてらす
みほとけの
きよきひかりの
かぎりなければ

ワンモアポイント

三門右の鐘楼には、建長7年に鋳造された、高さ約2.1m・口径約1.2m・重さ2.7tの梵鐘がかかっています。鎌倉三大梵鐘のひとつで、国宝とされています。

●所在地　鎌倉市山ノ内8
●電話　0467-22-0981
●アクセス
JR北鎌倉駅より徒歩15分
●駐車場　有（20台）有料
●拝観時間　8:30～16:30
●拝観料　500円

境内のもっとも奥の石段を上った裏山の中腹に、建長寺の鎮守である半僧坊があります。祀られているのは半僧坊大権現で、火除けや招福に利益があるといわれています。

総門は昭和15年に京都の般舟三昧院から移築されたもので、「巨福門（こふくもん）」といわれています。

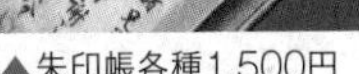

▲朱印帳各種1,500円

❶鎌倉観世音第二十八番
❷千手観世音（せんじゅかんぜおん）
❸三宝印（仏法僧宝）
❹天下禅林
❺大本山
❻建長寺　❼建長

▲鎌倉五山第1位

鎌倉三十三観音
鎌倉二十四地蔵
鎌倉十三仏
七福神

第29番

蓬莱山 龍峰院（りゅうほういん）

臨済宗 建長寺派

▲龍峰院は建長寺15世住持・約翁徳倹（仏灯国師）の塔所です。

■開山　約翁徳倹
■開基　北条貞時
■本尊　聖観世音菩薩
■創建　1307年（徳治2年）

—ご詠歌—

たづねやま
わけ入りのりを
きくときは
とそつのにはも
とほからぬなり

第十五世約翁徳倹の塔所

龍峰院も建長寺の塔頭で、建長寺方丈左側の小高いところに建ち並ぶ中の一院です。開山の約翁徳倹は、鎌倉の路傍に捨てられていたのを拾われ、大覚禅師の下で禅を学んだといわれています。

妙高院と同様、一般の拝観はできず、巡礼者は門の脇戸から入り、納経（読経するか写経を納める）して、ご朱印をいただきます。龍峰院には木造地蔵菩薩像、約翁徳倹像が安置されています。

●所在地／鎌倉市山ノ内101　●電話／0467-22-8734
●アクセス／JR鎌倉駅より江ノ電バス[2番大船駅行き]建長寺下車徒歩1分　JR北鎌倉駅より徒歩20分　●駐車場／なし
●ご朱印受付時間／9:00～16:00

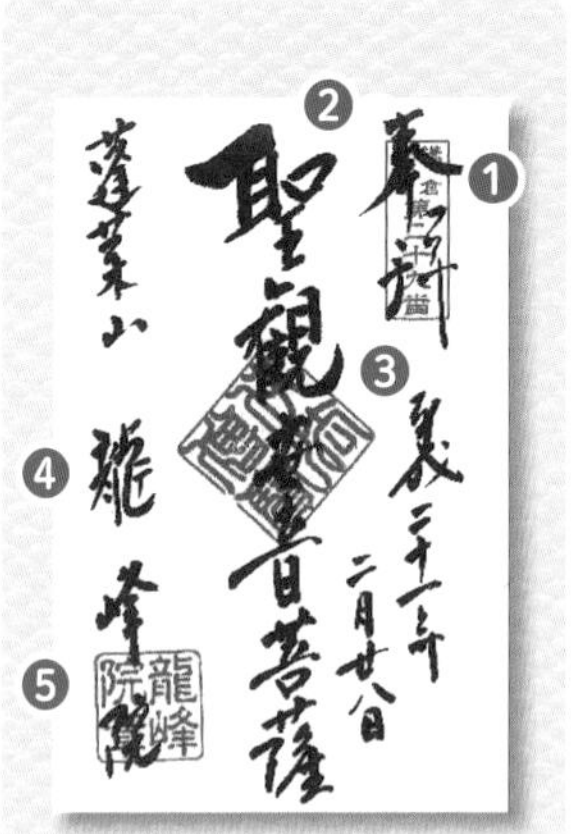

❶鎌倉観世音第二十九番奉拝
❷聖観世音（しょうかんぜおん）
❸三宝印（仏法僧宝）
❹龍峰院
❺龍峰院章

第30番

福源山 明月院(めいげついん)

臨済宗建長寺派

▲参道から本堂まで約2,500株の紫陽花は青色の花を中心に植えられています。

▲明月院の紫陽花は、8割から9割が日本古来からの品種「ヒメアジサイ」。

▲方丈の丸窓。方丈の後ろに広がる庭園を窓越しに見ることができます。

■開山　密室守厳
■開基　上杉憲方
■本尊　聖観世音菩薩
■創建　1307年（徳治2年

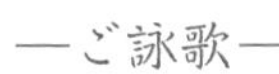

MAP P125

—ご詠歌—

くもなき
そらにぞすめる
月かげを
おのがこころに
うつし見るかな

季節ごとにさまざまな自然の美が堪能できる

平治の乱で戦死した首藤刑部大輔俊道の菩提を弔うために、1160年（永暦元年）、山ノ内經俊によって創建された「明月庵」が起源とされています。その後1256年、北条時頼によって最明寺が創建され、その最明寺を前身として北条時宗が蘭渓道隆を招いて「禅興寺」を創建。明月院は明治初年に廃絶した禅興寺の塔頭です。

●所在地／鎌倉市山ノ内189　●電話／0467-24-3437
●アクセス／JR北鎌倉駅より徒歩10分
●駐車場／なし　●拝観時間／9:00～16:00(6月8:30～17:00)
●拝観料／300円(6月500円 小中学生300円)
本堂後庭園500円(6月花しょうぶ・11月下旬～12月上旬紅葉期のみ)

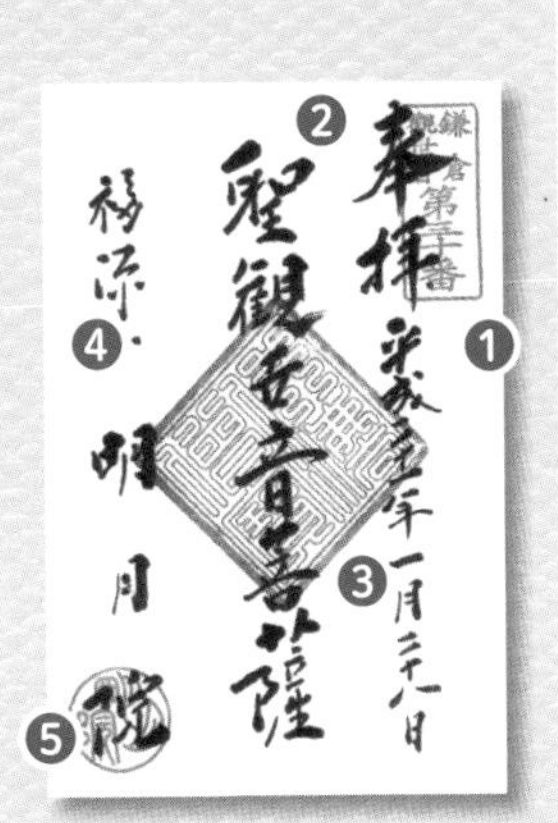

❶鎌倉観世音第三十番奉拝
❷聖観世音（しょうかんぜおん）
❸三宝印（仏法僧宝）
❹福源山明月院
❺明月院

鎌倉三十三観音
鎌倉二十四地蔵
鎌倉十三仏
七福神

第31番

鎌倉五山　第4位
鎌倉二十四地蔵　第12番
【鎌倉十三地蔵　第6番】
鎌倉・江の島七福神　布袋尊

金宝山 浄智寺（じょうちじ）

臨済宗
円覚寺派

P80・94・114　MAP P125

▲本堂・曇華殿（どんげでん）

■開山　南洲宏海　大休正念
兀菴普寧
■開基　北条師時
■本尊　木造三世仏坐像
■創建　1281年（弘安4年）

—ご詠歌—

けふよりぞ
こがねのやまに
入りにけり
きよきさとりの
ちえをとりつつ

鐘楼のある山門が印象的

鎌倉五山第４位の浄智寺。総門をくぐって石段の参道を進むと、その上に山門があります。山門は２階に梵鐘を吊るした鐘楼門になっています。自然林に囲まれた境内は、国の史跡に指定されており、参道沿いの石段脇には鎌倉十井に数えられる「甘露ノ井」があります。

曇華殿と呼ばれる本堂（仏殿）には、室町時代に作られたという「木造三世仏坐像」（阿弥陀仏・釈迦如来・弥勒菩薩）が安置されており、「過去・現在・未来」を意味しています。

ワンモアポイント

鎌倉江ノ島七福神のひとつ「布袋尊」がまつられており、おなかをなでると元気が出るのだそうです。

●所在地
鎌倉市山ノ内1402
●電話　0467-22-3943
●アクセス
JR北鎌倉駅より徒歩10分
●駐車場　有（10台）無料
●拝観時間　9:00～16:30
●拝観料　200円

鎌倉幕府第5代執権・北条時頼の三男である北条宗政の菩提を弔うために創建されたお寺です。開基は宗政の子・北条師時で、当時の師時は8歳でした。

本堂には三世仏である阿弥陀・釈迦・弥勒の木造三体の仏像が安置されています。

▶浄智寺の裏山から出てきて交通事故にあったりした狸やハクビシンのお墓。

▶鎌倉一の大きさを誇るコウヤマキ。市指定の天然記念物です。

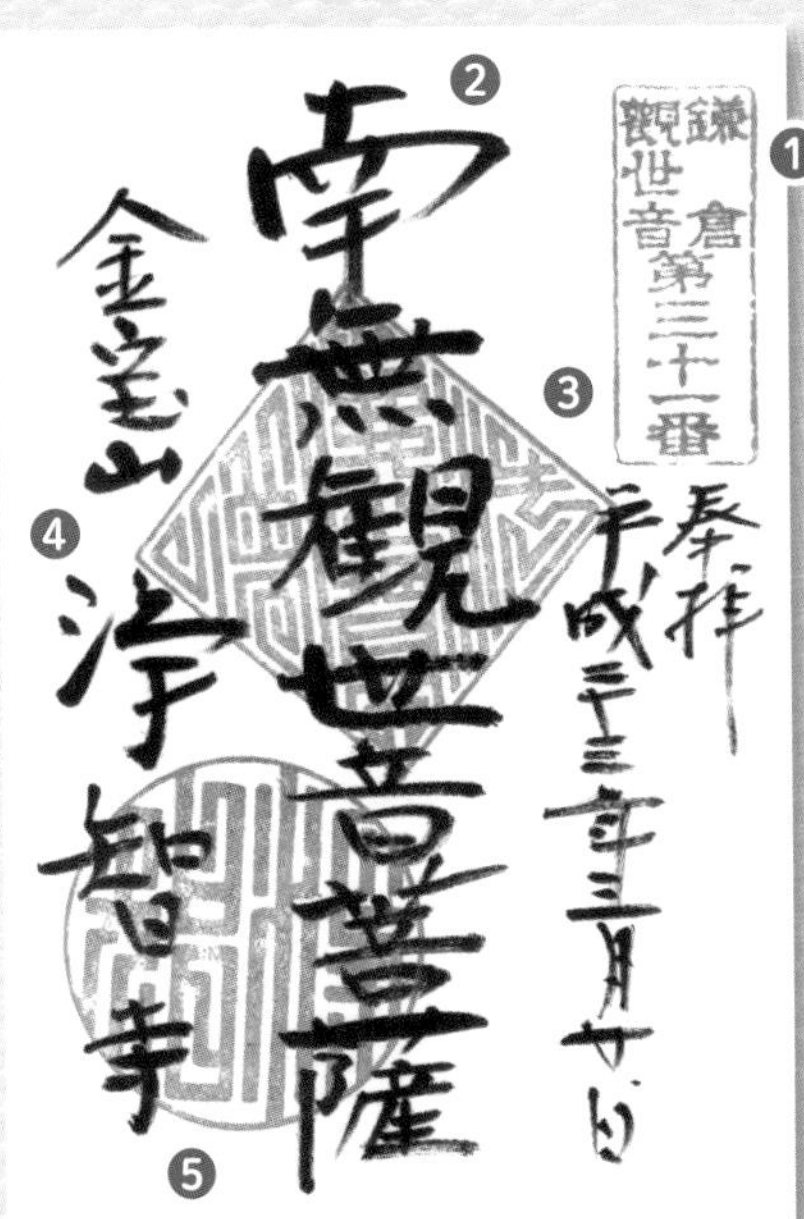

❶鎌倉観世音第三十一番奉拝
❷南無観世音菩薩（なむかんぜおんぼさつ）
❸三宝印（仏法僧宝）
❹浄智寺
❺浄智寺

▲総門をくぐって石段の参道を進むと山門（鐘楼門）があります。

第32番

松岡山 東慶寺（とうけいじ）

臨済宗 円覚寺派

MAP P125 ▲二層の銅板葺き屋根が美しい本堂。現在の本堂は昭和10年に建立されました。

■開山　覚山志道尼
■開基　北条貞時
■本尊　釈迦如来
■創建　1285年（弘安8年）

—ご詠歌—

たのもしや
ちかひのみちは
ときはにて
そのしるしある
松のおかやま

「縁切り寺」で知られた梅の花の名所

江戸時代まで、夫からは三下り半で離縁することができましたが、妻の方からは縁を切ることができませんでした。ここで二十四ヶ月在寺をすれば離縁できるという「縁切寺法」があり、東慶寺は「駆け込み寺」または「縁切り寺」と呼ばれる尼寺でした。

本堂には本尊釈迦如来坐像が安置され、本堂そばの松岡宝蔵では、聖観音菩薩立像が祀られ、売店では東慶寺のみで販売される商品が並んでいます。

ワンモアポイント

開山の覚山尼は、北条時宗の夫人。北条時宗の菩提を弔うためにその子・貞時を開基として東慶寺を開創しました。

●所在地
鎌倉市山ノ内1367
●電話　0467-22-1663
●アクセス
JR北鎌倉駅より徒歩4分
●駐車場　なし
●拝観時間　8:30〜16:30
（10月〜3月 16:00まで）
●拝観料
200円（松岡宝蔵は400円）
※松岡宝蔵は展示により変更あり

開山の覚山尼をはじめとして、歴代の住持や、明治・大正・昭和に活躍したゆかりのある文化人（鈴木大拙・西田幾多郎・岩波茂雄・和辻哲郎・安倍能成など）のお墓、豊臣秀頼の娘（二十世天秀尼）の墓もあります。

本堂には「波羅密」と書かれた扁額が掲げられ、正面には釈迦如来坐像が安置されています。

▶さまざまなお土産品を販売しています。

▶東慶寺伝来の寺宝を展示する宝物館「松岡宝蔵」。

❶鎌倉観世音第三十二番奉拝
❷聖観世音菩薩（しょうかんぜおんぼさつ）
❸三宝印（仏法僧宝）
❹松岡山東慶寺
❺東慶寺

▲山門からまっすぐのびた参道。両脇には梅の木が植えられています。

第33番

鎌倉二十四地蔵 第14番

佛日庵（ぶつにちあん）

臨済宗円覚寺派

▲第三十三番目に拝観した人のみ、「結願印」を押してもらえます。

▲平成19年に建てられた本堂には、本尊地蔵菩薩が安置されています。

▲境内でひと休みできます。抹茶（落雁付き）は500円。

北条時宗ゆかりの名刹

佛日庵は、北条時宗の廟所として建立され、室町中期に円覚寺の塔頭となりました。廟所には、聖観音坐像と北条時宗・貞時・高時の各木像が安置されています。また、本堂には南北朝期の地蔵菩薩坐像と鶴隠周音木像が安置されています。

境内にはひと休みできるところがあり、四季折々の風景を眺めながら、抹茶と干菓子をいただくことができます。

❶鎌倉観世音 第三十三番奉拝
❷南無十一面観音（なむじゅういちめんかんのん）
❸三宝印（仏宝僧宝）
❹かまくら佛日庵
❺佛日庵

●所在地／鎌倉市山ノ内434　●電話／0467-25-3562
●駐車場／なし
●拝観時間／9:00～16:30（12～2月は16:00まで）
●拝観料／100円（円覚寺と別途）

■開山　鶴隠周音
■本尊　地蔵菩薩

P81
MAP P125

—ご詠歌—

ただたのめ
大慈のちかひ
あまねくば
けふもきえなん
のちのちのみち

鎌倉二十四地蔵

鎌倉・二十四地蔵めぐり

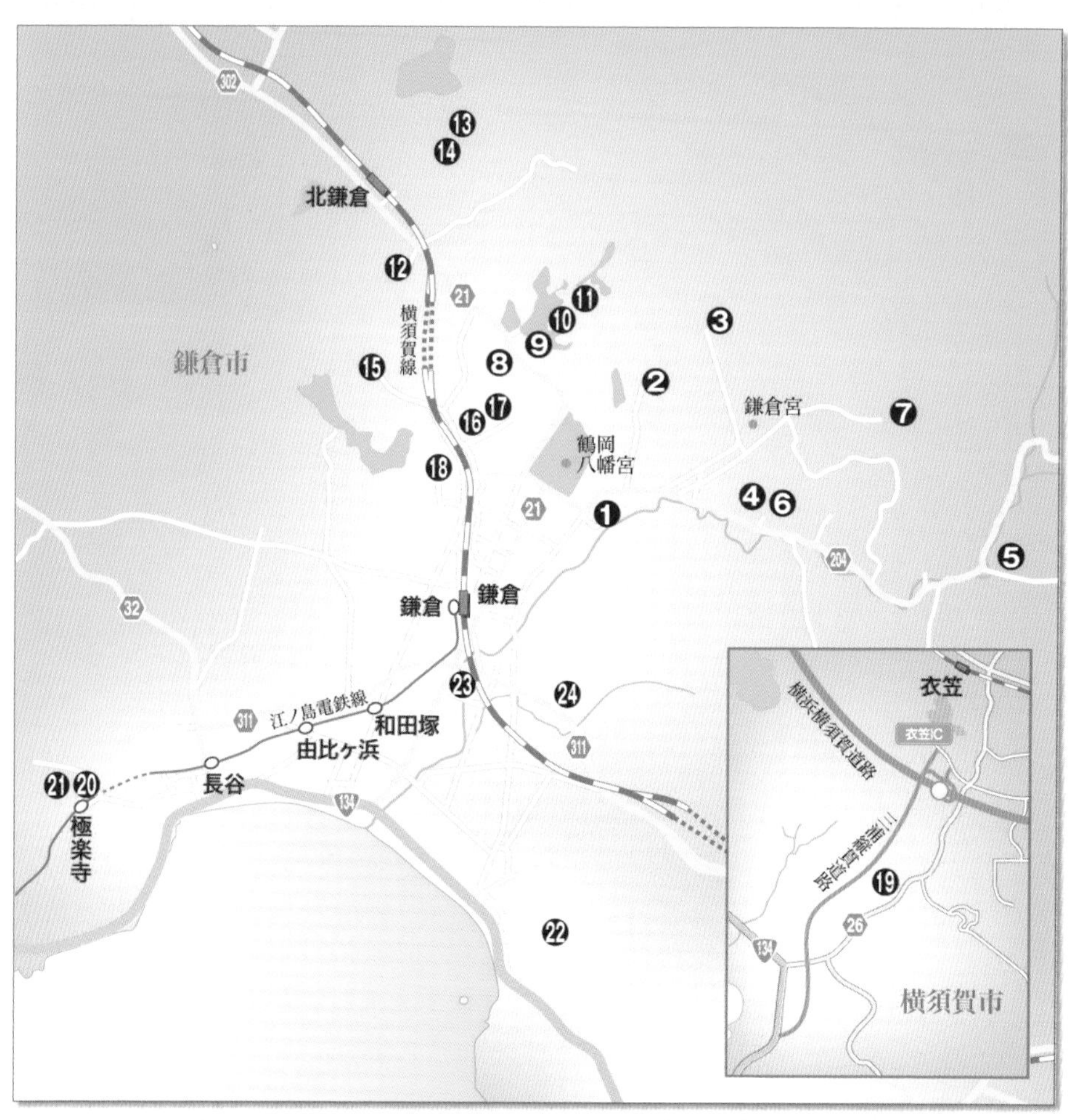

5日間でゆっくり24ヵ所めぐるコース

1日目	❼瑞泉寺 ▶ ❸覚園寺 ▶ ❷来迎寺 ▶ ❶宝戒寺 ▶ ❹・❻杉本寺 ▶ ❺光触寺
2日目	⓲寿福寺 ▶ ⓰・⓱浄光明寺 ▶ ⓯海蔵寺 ▶ ⓬浄智寺 ▶ ❽円応寺 ▶ ❾・❿・⓫建長寺
3日目	㉓延命寺 ▶ ㉔安養院 ▶ ㉒光明寺
4日目	⓴・㉑極楽寺
5日目	⓭正続院 ▶ ⓮佛日庵 ▶ ⓳東漸寺

鎌倉二十四地蔵霊場一覧

札所	寺院名	鎌倉二十四地蔵	住所
第1番	金龍山　宝戒寺	子育て経読地蔵尊	鎌倉市小町3-5-22
第2番	満光山　来迎寺	岩上地蔵尊	鎌倉市西御門1-11-1
第3番	鷲峰山　覚園寺	黒地蔵尊	鎌倉市二階堂421
第4番	大蔵山　杉本寺	身代地蔵尊	鎌倉市二階堂903
第5番	岩蔵山　光触寺	塩嘗地蔵尊	鎌倉市十二所793
第6番	大蔵山　杉本寺	尼将軍地蔵尊	鎌倉市二階堂903
第7番	錦屏山　瑞泉寺	どこもく地蔵尊	鎌倉市二階堂710
第8番	新居山　円応寺	詫言地蔵尊	鎌倉市山ノ内1543
第9番	巨福山　建長寺	心平地蔵尊	鎌倉市山ノ内8
第10番	巨福山　建長寺	済田地蔵尊	鎌倉市山ノ内8
第11番	巨福山　建長寺	勝上嶮地蔵尊	鎌倉市山ノ内8
第12番	金宝山　浄智寺	聖比丘地蔵尊	鎌倉市山ノ内1402
第13番	円覚寺塔頭　正続院	手引地蔵尊	鎌倉市山ノ内409
第14番	佛日庵	延命地蔵尊	鎌倉市山ノ内434
第15番	扇谷山　海蔵寺	岩船地蔵尊	鎌倉市扇ガ谷4-18-8
第16番	泉谷山　浄光明寺	綱引地蔵尊	鎌倉市扇ガ谷2-12-1
第17番	泉谷山　浄光明寺	矢拾地蔵尊	鎌倉市扇ガ谷2-12-1
第18番	亀谷山　寿福寺	南無地蔵尊	鎌倉市扇ガ谷1-17-7
第19番	松得山　東漸寺	白金地蔵尊	横須賀市武2-12-13
第20番	霊鷲山　極楽寺	導地蔵尊	鎌倉市極楽寺3-6-7
第21番	霊鷲山　極楽寺	月影地蔵尊	鎌倉市極楽寺3-6-7
第22番	大本山　光明寺	延命地蔵尊	鎌倉市材木座6-17-19
第23番	帰命山　延命寺	身代り地蔵尊	鎌倉市材木座1-1-3
第24番	祇園山　安養院	日限地蔵尊	鎌倉市大町3-1-22

お地蔵さまは、お釈迦様が亡くなってから弥勒菩薩（未来の仏さま）が姿を現すまでの間、人々を救済してくれる地蔵菩薩です。閻魔大王は地蔵菩薩の化身であるといわれています。江戸時代には民衆に最も親しまれる仏となり、鎌倉二十四地蔵尊は、明治の廃仏毀釈などで失われたり移動させられた地蔵尊を憂い、 明治34年各所に捜索し、新たに加えて大正６年に成立されたと伝わっています。

金龍山 宝戒寺（ほうかいじ）

天台宗

■開山　五代国師(円観慧鎮)
■開基　後醍醐天皇
■本尊　子育経読地蔵大菩薩
■創建　1335年(封武2年)

P16・115
MAP P118

第1番

鎌倉三十三観音　第2番
鎌倉・江の島七福神　毘沙門天

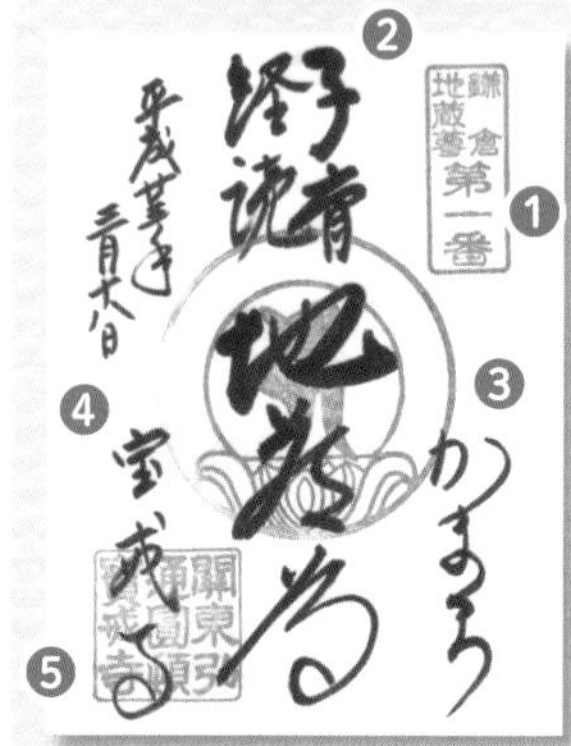

❶鎌倉地蔵尊第一番
❷子育経読地蔵尊　❸本尊を表す印
❹宝戒寺　❺関東弘通円頓宝戒寺

子育経読地蔵

由来は「宝戒寺門前で子が生まれそうになった時、子をとりあげる世話をしてくれた見知らぬお坊さんが地蔵の化身だった」とか「毎晩夜中に聞こえる読経がお地蔵さまではないか」という伝説から。毎月24日は地蔵菩薩の縁日です。

●所在地／鎌倉市小町3-5-22　●電話／0467-22-5512
●アクセス／JR鎌倉駅東口より徒歩13分
●駐車場／なし　●拝観時間／9:00～16:30
●拝観料／大人200円　小学生100円

満光山 来迎寺（らいこうじ）(西御門)

時宗

■開山　一向上人
■本尊　阿弥陀如来
■創建　1293年(永仁元年)

P22・96
MAP P118

第2番

鎌倉三十三観音　第5番
鎌倉十三仏　第10番

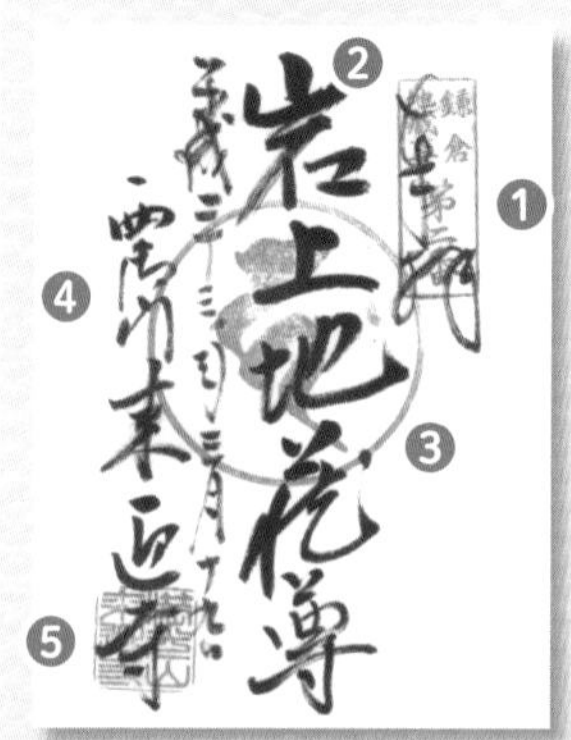

❶鎌倉地蔵尊第二番奉拝
❷岩上地蔵尊　❸地蔵尊を表す印
❹西御門来迎寺　❺満光山来迎寺

岩上地蔵

岩を模した台座の上に坐していることから「岩上地蔵」と呼ばれています。もとは西御門の報恩寺の本尊で、宅間浄宏作と伝えられています。安置される三仏とも十三仏霊場、地蔵菩薩霊場、観音霊場と札所本尊になっています。

●所在地／鎌倉市西御門1-11-1　●電話／0467-24-3476
●アクセス／JR鎌倉駅から京急バス[鎌23・5番]太刀洗行き、[鎌24・5番]金沢八景行き大学前または岐れ道下車徒歩10分
●駐車場／なし　●拝観時間／10:00～16:00(拝観可能日不定期)　●拝観料／200円

▲木造の仏像などを拝観するには、寺僧に案内をしてもらう拝観案内（有料/撮影禁止）に参加を。

第3番

鎌倉十三仏 第11番

鷲峰山 覚園寺（かくおんじ）

真言宗 泉涌寺派

▲境内は四季折々の花を楽しむことができ、入ってすぐのところに巨大石塔があります。

黒地蔵

人々が何度きれいにぬりなおしても、あくる日には黒焦げになっていたといいます。毎年8月10日の午前零時よりはじまる「黒地蔵縁日」は、鎌倉の夏の宗教行事となっています。

黒地蔵

「地蔵堂」には鎌倉時代に作られた黒く煤けた地蔵菩薩立像が安置されており、業火に焼かれる罪人の苦しみを和らげようと、地獄の番人に代わり火焚きを行い、そのため焼け焦げてしまったといわれています。「黒地蔵」や「火焚き地蔵」とも呼ばれ、千体堂には黒地蔵の分身である千体地蔵が並んでいます。

拝観案内は予約などはなく、愛染堂に集合し、約1時間、覚園寺の奥や薬師堂を寺僧に案内してもらいながら境内を拝観することができます。

■開山　智海心慧
■開基　北条貞時
■本尊　薬師如来
■創建　1296年（永仁4年）

P97
MAP P124

❶鎌倉地蔵尊第三番奉拝
❷黒地蔵尊
❸本尊を表す印
❹鷲峰山
❺覚園寺

●所在地／鎌倉市二階堂421
●駐車場／なし
●拝観時間／拝観案内は10:00 11:00 13:00 14:00 15:00（土日祝は12:00もあり）
●拝観料／拝観案内大人500円　小中学生200円

大蔵山 杉本寺（すぎもとでら）

天台宗

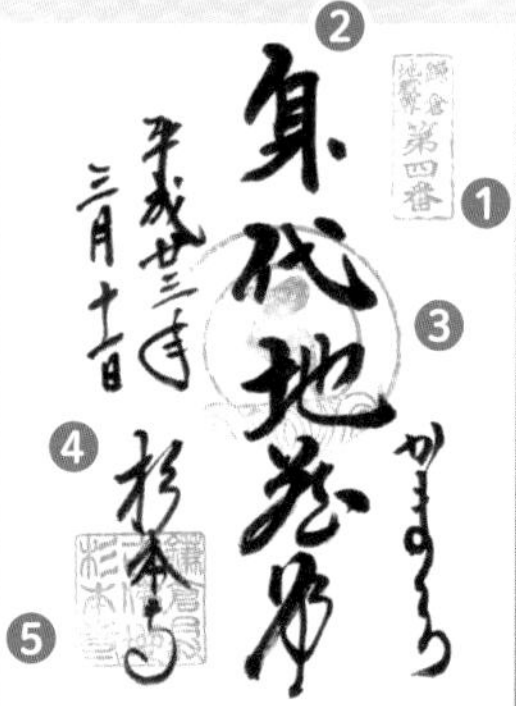

❶鎌倉地蔵尊第四番
❷身代地蔵尊 ❸本尊を表す印
❹杉本寺 ❺鎌倉最古佛地杉本寺

■開山 行基菩薩
■開基 光明皇后
■本尊 十一面観音
■創建 734年（天平6年）

P14・77
MAP P121

身代地蔵

本堂の左奥に祀られています。三浦氏の勢力争いの時、杉本太郎義宗に放たれた矢が地蔵に当たり、傷跡から血がにじみ出たと言われています。並んでいるお地蔵様のうち、一番右にある石仏が身代地蔵のお前立ちだそうです。

●所在地／鎌倉市二階堂903 ●電話／0467-22-3463
●アクセス／JR鎌倉駅から京急バス[鎌23・5番] 太刀洗行き、[鎌24・5番] 金沢八景行き、[鎌36・5番]ハイランド行きで約10分。杉本観音下車徒歩1分 ●駐車場／なし
●拝観時間／8:00〜16:30(16:15入山受付締切)
●拝観料／大人300円 中学生200円 小学生100円

岩蔵山 光触寺（こうそくじ）

時宗

第5番
鎌倉三十三観音 第7番

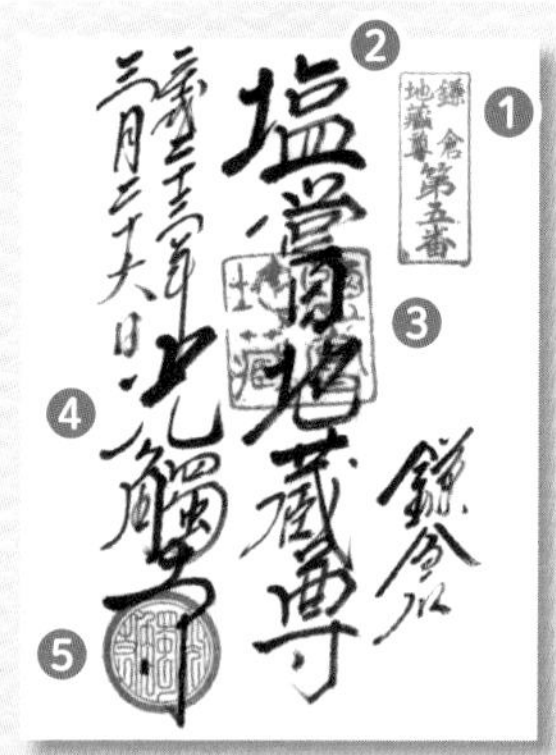

❶鎌倉地蔵尊第五番
❷塩嘗地蔵尊 ❸塩嘗地蔵
❹光触寺 ❺光触寺

■開山 作阿上人
■開基 一遍上人
■本尊 阿弥陀三尊
■創建 1279年（弘安2年）

P24
MAP P121

塩嘗地蔵

塩売りが塩を供えておいたら、塩がなくなっていたことから、お地蔵さんが嘗めたという言い伝えがあります。ある塩売りは見張っていても一向に嘗めないので、塩をぶちまけたら、金色に輝いていたお地蔵さんが輝きを失ってしまったという伝説も。

●所在地／鎌倉市十二所793 ●電話／0467-22-6864
●アクセス／JR鎌倉駅から京急バス[鎌23・5番]太刀洗行き・[鎌24・5番]金沢八景行き十二所下車 徒歩1分
●駐車場／有 ●拝観時間／9:00〜16:00
●拝観料／無料(本尊拝観/10人以上で予約1人300円)

大蔵山 杉本寺（すぎもとでら） 天台宗

■開山　行基菩薩
■開基　光明皇后
■本尊　十一面観音
■創建　734年（天平6年）

P14・76
MAP P121

第6番

鎌倉三十三観音　第1番
坂東三十三観音　第1番
鎌倉二十四地蔵　第4番

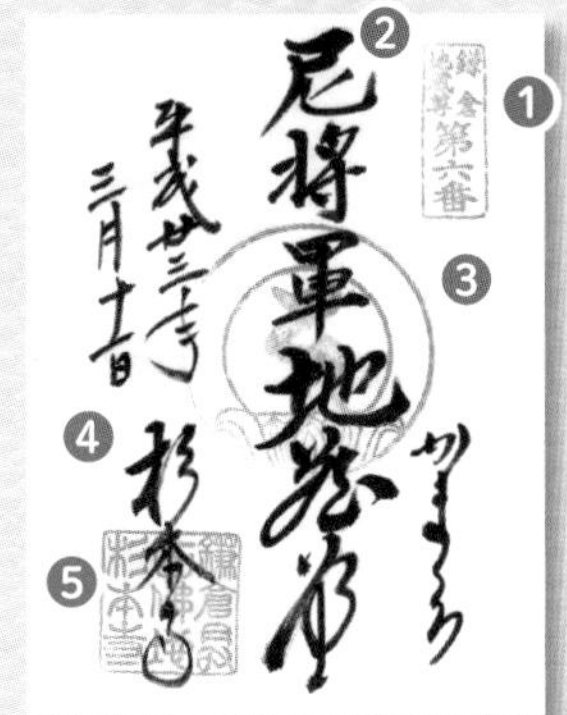

❶鎌倉地蔵尊第六番
❷尼将軍地蔵尊　❸本尊を表す印
❹杉本寺　❺鎌倉最古佛地杉本寺

尼将軍地蔵

尼将軍地蔵は本堂奥の身代地蔵の隣に祀られています。尼将軍といえば北条政子のことだと思われますが、詳細は不明とのこと。尼将軍地蔵は、面長でやや細身の身体のわりに太めの錫杖を持っています。

●所在地／鎌倉市二階堂903　●電話／0467-22-3463
●アクセス／JR鎌倉駅から京急バス[鎌23・5番] 太刀洗行き、[鎌24・5番]　金沢八景行き、[鎌36・5番]ハイランド行きで約10分。杉本観音下車徒歩1分　●駐車場／なし
●拝観時間／8:00〜16:30(16:15入山受付締切)
●拝観料／大人300円　中学生200円　小学生100円

錦屏山 瑞泉寺（ずいせんじ） 臨済宗円覚寺派

■開山　夢窓疎石
■本尊　釈迦牟尼仏
■創建　1327年（嘉暦2年）

P23
MAP P120

第7番

鎌倉三十三観音　第6番

❶鎌倉地蔵尊第七番奉拝
❷どこもく地蔵尊　❸三宝印(仏法僧宝)
❹瑞泉寺　❺瑞泉禅寺

どこもく地蔵

「どこもく」は「どこも苦」のことで、「今の境遇が辛いからといって逃げ出しても、苦労は必ずついて回るもの」地蔵堂の堂主が、貧しさを苦にどこかへ移り住もうと考えていた時、夢枕にお地蔵さんが現れ、教えてくれたといいます。

●所在地／鎌倉市二階堂710　●電話／0467-22-1191
●アクセス／JR鎌倉駅より京急バス[鎌20・4番]大塔宮行き大塔宮下車、徒歩10分　●駐車場／有(10台)＊平日のみ利用可
●拝観時間／9:00〜17:00(10〜3月16:30まで)
●拝観料／大人200円 小学生100円　高齢者・障害者無料

第8番

鎌倉十三仏 第5番

新居山 円応寺（えんのうじ）

臨済宗 建長寺派

▲本尊の閻魔大王は「子育て閻魔」とも呼ばれ、お参りすると、子育て安泰、学業成就など、無事に成長するように、閻魔大王が守ってくれると言われています。

閻魔大王

笑っているようにみえることから「笑い閻魔」とも呼ばれています。

▲建長寺の斜め向い。急な階段をのぼったところにあります。

詫言地蔵

詫言（わびごと）地蔵は本堂に入ってすぐ左側に安置されています。円形の輪になった頭光をつけ、岩座に坐して左脚を踏み下げる半跏形式の地蔵坐像です。

詫言地蔵にお願いすれば、本人に代わって閻魔大王にお詫びして下さり、閻魔大王のお許しを得ることができるという伝説のお地蔵様です。円応寺は、死後に出会う十王（冥土で、亡者を裁く10人の王）を祀っているお寺です。

■開山　智覚禅師
■本尊　閻魔大王
■創建　1250年（建長2年）

P94
MAP P125

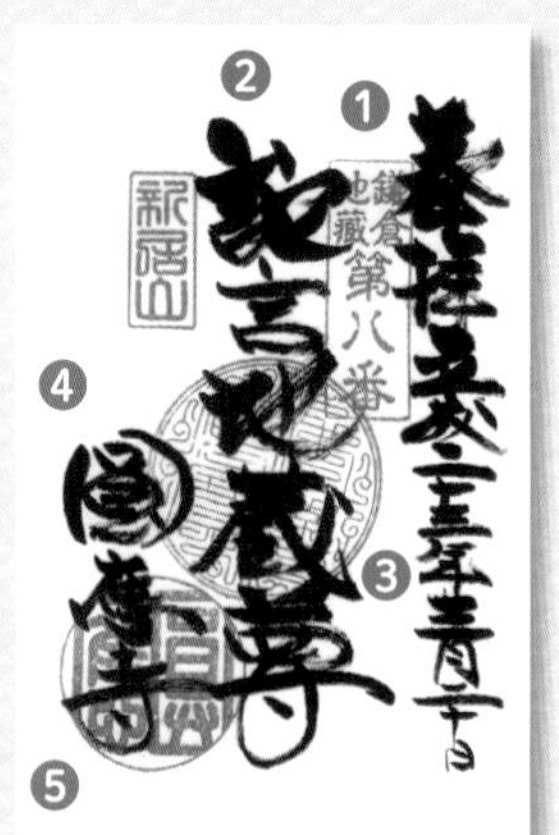

❶鎌倉地蔵尊第八番奉拝
❷詫言地蔵尊
❸三宝印（仏法僧宝）
❹圓應寺
❺圓應寺

●所在地／鎌倉市山ノ内1543　●電話／0467-25-1095
●アクセス／JR鎌倉駅より江ノ電バス[2番]大船駅行き、建長寺下車徒歩3分・北鎌倉駅より徒歩15分。
●駐車場／なし　●拝観時間／9:00～16:0(12～2月は15:30まで)
●拝観料／200円・高齢者手帳、障害者手帳をお持ちの方は無料。

巨福山 建長寺（けんちょうじ）

臨済宗 建長寺派 大本山

第9番

鎌倉三十三観音　第28番
鎌倉二十四地蔵　第10番　第11番

■開山　蘭渓道隆
■開基　北条時頼
■本尊　地蔵菩薩
■創建　1253年（建長5年）

P62・80
MAP P124

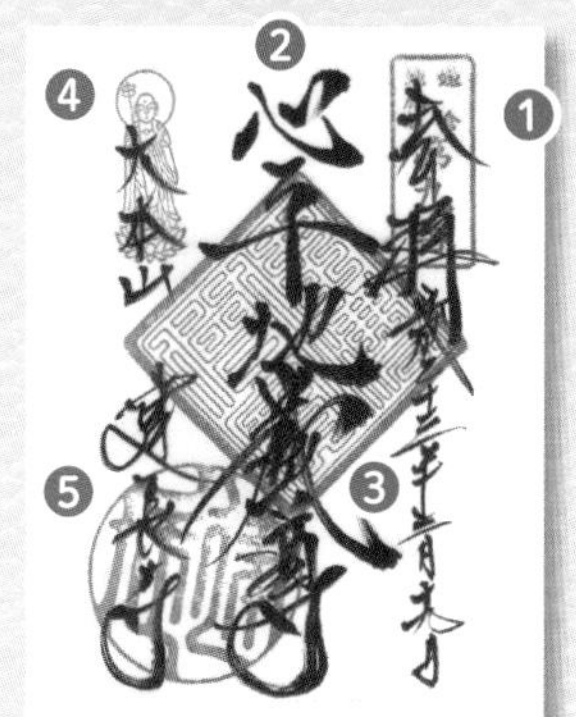

❶鎌倉地蔵尊第九番奉拝
❷心平地蔵尊　❸三宝印（仏法僧宝）
❹大本山　建長寺　❺建長

心平地蔵

建長寺が建立されるまでは地蔵菩薩を本尊とした「心平寺」というお寺があり、「心平寺地蔵堂」と言われる建物は、横浜の「三渓園」に移築されています。心平寺地蔵堂の本尊は、建長寺の仏殿内に安置されています。

●所在地／鎌倉市山ノ内8　●電話／0467-22-0981
●アクセス／JR北鎌倉駅より徒歩15分
●駐車場／有（20台）有料　●拝観時間／8:30～16:30
●拝観料／500円

巨福山 建長寺（けんちょうじ）

臨済宗 建長寺派 大本山

第10番

鎌倉三十三観音　第28番
鎌倉二十四地蔵　第9番　第11番

■開山　蘭渓道隆
■開基　北条時頼
■本尊　地蔵菩薩
■創建　1253年（建長5年）

P62・80
MAP P124

❶鎌倉地蔵尊第十番奉拝
❷済田地蔵尊　❸三宝印（仏法僧宝）
❹大本山　建長寺　❺建長

済田地蔵

済田左衛門という侍が無実の罪で斬首されようとした時、もとどりの中の地蔵尊が刃を受け止めて命を救ったと言われています。それを大切に心平寺地蔵の胎内に納め、仏殿本尊の頭部内へ移し納められたそうです。

●所在地／鎌倉市山ノ内8　●電話／0467-22-0981
●アクセス／JR北鎌倉駅より徒歩15分
●駐車場／有（20台）有料　●拝観時間／8:30～16:30
●拝観料／300円

巨福山 建長寺（けんちょうじ）

臨済宗 建長寺派 大本山

■開山　蘭渓道隆
■開基　北条時頼
■本尊　地蔵菩薩
■創建　1253年（建長5年）

P62・79
MAP P124

第11番

鎌倉三十三観音　第28番
鎌倉二十四地蔵　第9番　第10番

❶鎌倉地蔵尊第十一番奉拝
❷勝上嶮地蔵尊　❸三宝印（仏法僧宝）
❹大本山　建長寺　❺建長

勝上嶮地蔵

標高114mほどの勝上嶮の中腹、たくさんの烏天狗に守られた半僧坊大権現境内。第十一番「勝上嶮地蔵」のご朱印はここの社務所で。その右手の石段を少し上がったところにある小さなお堂にお地蔵様が祀られています。

●所在地／鎌倉市山ノ内8　●電話／0467-22-0981
●アクセス／JR北鎌倉駅より徒歩15分
●駐車場／有（20台）有料　●拝観時間／8:30〜16:30
●拝観料／500円

金宝山 浄智寺（じょうちじ）

時宗

■開山　南洲宏海
　　　　大休正念
　　　　兀菴普寧
■開基　北条師時
■本尊　三世仏坐像
■創建　1281年（弘安4年）

P66・94・114
MAP P125

第12番

鎌倉三十三観音　第31番
鎌倉十三地蔵　第6番
鎌倉・江の島七福神　布袋尊

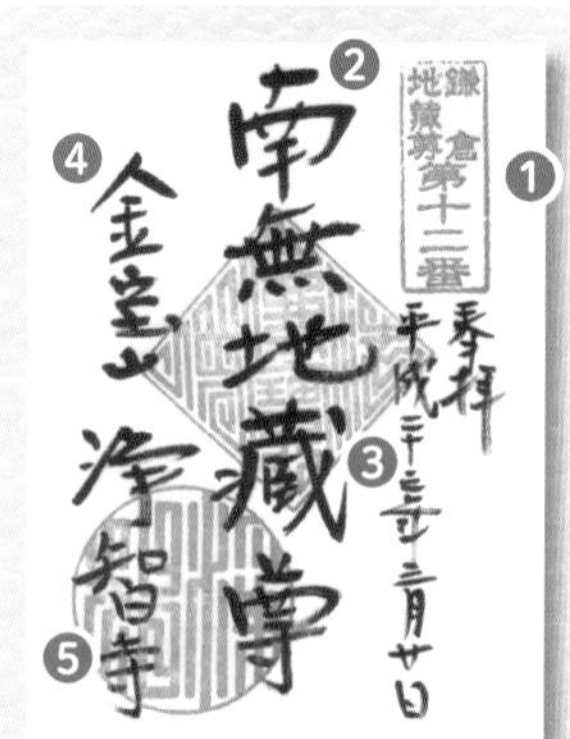

❶鎌倉地蔵尊第十二番奉拝
❷南無地蔵尊　❸三宝印（仏法僧宝）
❹金宝山　浄智寺　❺浄智寺

聖比丘地蔵

地蔵菩薩は鎌倉時代後期の彫刻と考えられており、国の重要文化財に指定されています。現在は鎌倉国宝館に寄託され、入って右側、寿福寺の地蔵菩薩立像と並んで浄智寺の地蔵菩薩坐像「聖比丘地蔵」があります。

●所在地／鎌倉市山ノ内1402　●電話／0467-22-3943
●アクセス／JR北鎌倉駅より徒歩10分
●駐車場／有（10台）無料　●拝観時間／9:00〜16:30
●拝観料／200円

円覚寺塔頭 正続院（しょうぞくいん）

臨済宗円覚寺派

■開山　無学祖元
■開基　北条貞時
■本尊　地蔵菩薩
■創建　1285年（弘安8年）

MAP P125

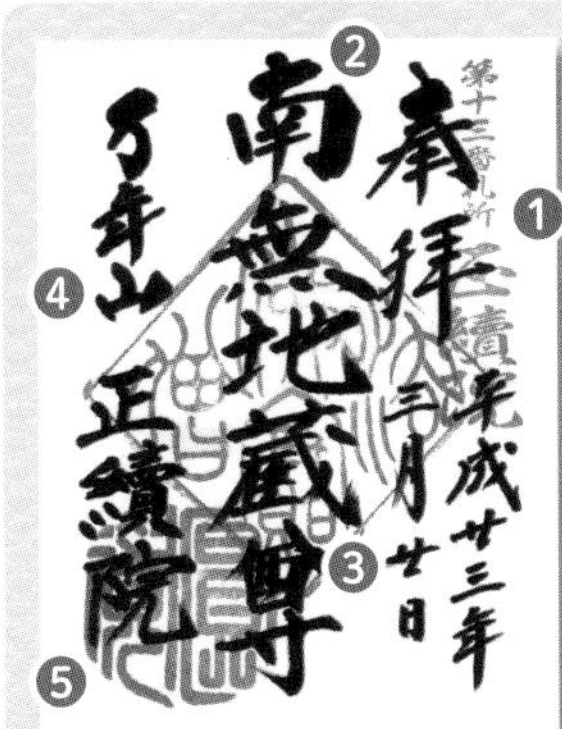

❶鎌倉地蔵尊第十三番奉拝
❷南無地蔵尊　❸本尊を表す印
❹万年山　正続院　❺円覚

手引地蔵

円覚寺の総門を入ると左側に拝観受付と朱印所があります。正続院は修行僧の座禅道場で、通常非公開なので、ご朱印はここでいただきます。正続院の境内には日本で最も古い唐様建築であり国宝の舎利殿があります。

●所在地／鎌倉市山ノ内409　●電話／0467-22-0478
●アクセス／JR北鎌倉駅より徒歩5分　●駐車場／なし
●拝観時間／8:00～17:00（11～3月は16:00まで）
●拝観料／大人300円　小中学生100円
※境内に入ることはできません

円覚寺塔頭 佛日庵（ぶつにちあん）

臨済宗円覚寺派

第14番

鎌倉三十三観音　第33番

■開山　鶴隠周音
■本尊　地蔵菩薩

P70
MAP P125

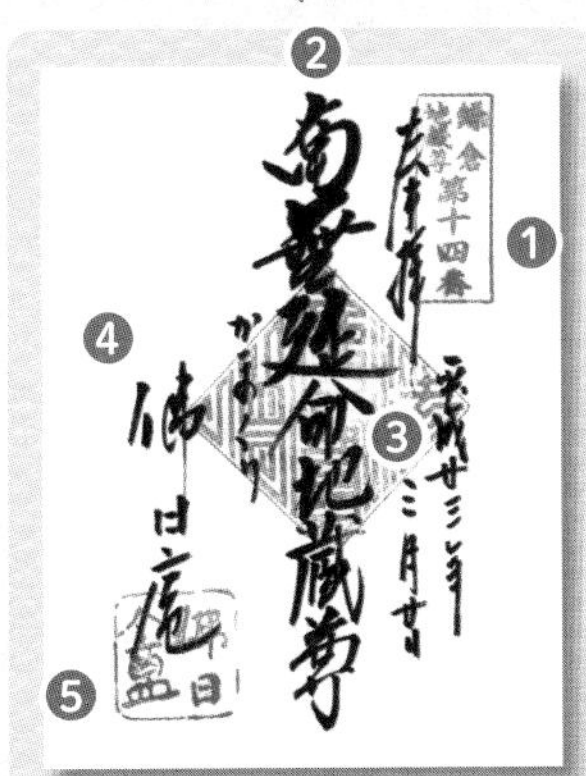

❶鎌倉地蔵尊第十四番奉拝
❷南無延命地蔵尊　❸三宝印（仏宝僧宝）
❹かまくら佛日庵　❺佛日庵

延命地蔵

八代執権北条時宗の廟所。時宗の才能にちなんで「学問の神」・「開運の神」として崇められてきました。境内の正面中央に宝形造りの重厚な萱葺屋根の開基廟があり、時宗、貞時、高時の木造彫像が安置されています。

●所在地／鎌倉市山ノ内434　●電話／0467-25-3562
●駐車場／なし
●拝観時間／9:00～16:30（12～2月16:00まで）
●拝観料／100円（円覚寺と別途）

第15番

鎌倉三十三観音　第26番
鎌倉十三仏　第7番

扇谷山 海蔵寺（かいぞうじ）
岩船地蔵堂（いわふねじぞうどう）

臨済宗 建長寺派

■開山　心昭空外
■開基　上杉氏定
■本尊　薬師如来
■創建　1394年（応永元年）

P58・95
MAP P119

▲岩船地蔵堂は、ガードの下をくぐり、扇ヶ谷川沿いに歩いたところにある海蔵寺に管理されています。

▲岩船地蔵堂
古くから頼朝の姫大姫を供養する地蔵堂と言い伝えられてきました。

岩船地蔵
写真は外から見ることができる前立像の木造地蔵尊です。

岩船地蔵

鎌倉駅から海蔵寺へ向かう途中、扇ガ谷の横須賀線ガード手前、亀ヶ谷坂入口のところにあります。

このお堂の奥には、頼朝の娘の大姫を供養するための地蔵（本仏石造地蔵尊）が祀られていますが、外からは見られません。前立像として木造地蔵尊が安置されており、正面の扉が格子状に組まれて中央にスリットがあり、天気のよい日は内部を見ることができます。

❶霊場第十五番奉拝
❷南無岩船地蔵尊
❸三宝印（仏法僧宝）
❹扇谷山海蔵寺
❺海蔵禅寺

●所在地／鎌倉市扇ガ谷4-18-8　●電話／0467-22-3175
●アクセス／鎌倉駅西口より徒歩20分　●駐車場／有（20台）無料
●拝観時間／9:30〜16:00
●拝観料／十六ノ井100円

鎌倉三十三観音
鎌倉二十四地蔵
鎌倉十三仏
七福神

泉谷山 浄光明寺（じょうこうみょうじ）

真言宗泉涌寺派

■開山　真阿（真聖国師）
■開基　北条長時
■本尊　阿弥陀三尊
■創建　1251年（建長3年）

P56・96
MAP P119

第16番

鎌倉三十三観音　第25番
鎌倉二十四地蔵　第17番
鎌倉十三仏　第9番

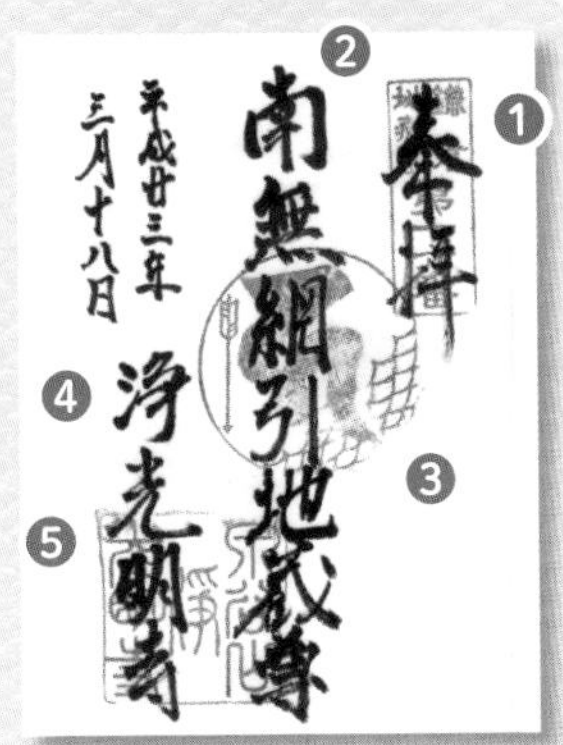

❶鎌倉地蔵尊第十六番奉拝
❷南無網引地蔵尊　❸本尊を表す印
❹浄光明寺　❺泉谷山浄光明寺

網引地蔵

本堂奥の階段を上がると阿弥陀堂があり、そこからさらに山径を上った山腹の「やぐら」とよばれるほら穴に「網引地蔵」が安置されています。その昔、由比ヶ浜の漁師の網にかかって引き揚げられたという伝説の地蔵です。

●所在地／鎌倉市扇ガ谷2-12-1
●電話／0467-22-1359
●アクセス／JR鎌倉駅西口より徒歩15分　●駐車場／なし
●拝観時間／9:00〜16:00
●拝観料／無料（阿弥陀堂拝観は200円）

泉谷山 浄光明寺（じょうこうみょうじ）

真言宗泉涌寺派

■開山　真阿（真聖国師）
■開基　北条長時
■本尊　阿弥陀三尊
■創建　1251年（建長3年）

P56・96
MAP P119

第17番

鎌倉三十三観音　第25番
鎌倉二十四地蔵　第16番
鎌倉十三仏　第9番

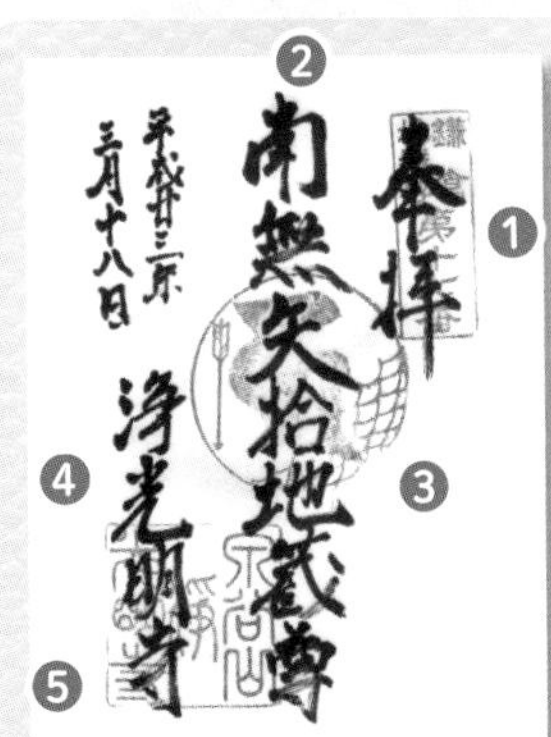

❶鎌倉地蔵尊第十七番奉拝
❷南無矢拾地蔵尊　❸本尊を表す印
❹浄光明寺　❺泉谷山浄光明寺

矢拾地蔵

木造地蔵菩薩立像。この地蔵菩薩像は「矢拾地蔵」とも呼ばれ、阿弥陀堂横の収蔵庫に安置されています。足利尊氏の弟直義を助けた地蔵菩薩で、矢が尽きてしまった時、矢を拾い集めてきてくれたといわれていることからそう呼ばれています。

●所在地／鎌倉市扇ガ谷2-12-1
●電話／0467-22-1359
●アクセス／JR鎌倉駅西口より徒歩15分　●駐車場／なし
●拝観時間／9:00〜16:00
●拝観料／無料（阿弥陀堂拝観は200円）

亀谷山
壽福寺(じゅふくじ)

臨済宗建長寺派

■開山　栄西
■開基　北条政子
■本尊　宝冠釈迦如来
■創建　1200年(正治2年)

P54・93
MAP P119

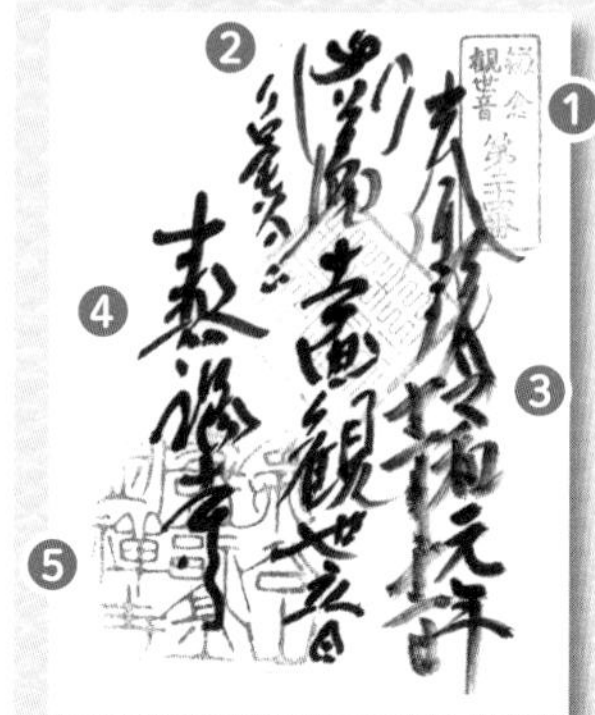

❶鎌倉地蔵尊第十八番奉拝
❷南無地蔵菩薩　❸三宝印(仏法僧宝)
❹亀谷山壽福寺　❺亀谷山壽福金剛禅寺

木造地蔵菩薩立像

壽福寺は、木立の中に石畳の参道が、総門から中門へと真っ直ぐに続いており、境内は中門まで入れます。鎌倉時代に作られたといわれる「木造地蔵菩薩立像」は、高さ約168㎝。現在は鎌倉国宝館に寄託されています。

●所在地／鎌倉市扇ガ谷1-17-7
●電話／0467-22-6607
●アクセス／鎌倉駅西口より徒歩10分　●駐車場／なし
●拝観時間／日没まで　●拝観料／無料(中門まで拝観可能)

松得山
東漸寺(とうぜんじ)

時宗

第19番

■開山　性真和尚
■開基　長嶋義季
■本尊　阿弥陀如来
■創建　1240年(仁治元年)

MAP P122

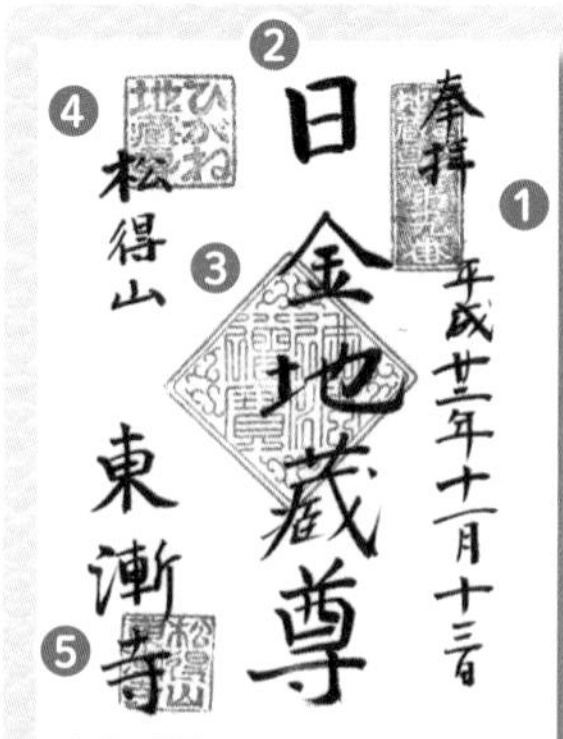

❶鎌倉地蔵尊第十九番奉拝　❷日金地蔵尊
❸三宝印(仏法僧宝)
❹松得山東漸寺(ひがね地蔵尊)　❺松得山東漸寺

日金地蔵

東漸寺の地蔵菩薩は本堂に祀られており、もと鎌倉雪ノ下、今は廃寺となった日金山松源寺の本尊。像は岩の上に上半身を直立し、右手につえ、左手にたまを持ち、右足を左ひざにおく半跏の姿をしています。

●所在地／横須賀市武2-12-13
●電話／0468-56-0221
●アクセス／京急急行ワイアールピー野比駅よりタクシーで10分
●駐車場／有(30台)無料
●拝観時間／9:00～17:00　●拝観料／無料

▲極楽寺トンネルが見える橋のすぐ横に、赤い屋根の　導地蔵堂があります。

第20番

鎌倉三十三観音　第22番
鎌倉二十四地蔵　第21番
鎌倉十三仏　第12番

霊鷲山 極楽寺（ごくらくじ）

真言律宗

導地蔵

やさしいまなざしで、子どもたちを見守ってくれているお地蔵様。

▲ご朱印は極楽寺にて。

導地蔵

江ノ電極楽寺駅から桜橋を渡ってすぐ右手に、赤い屋根の地蔵堂があります。このお地蔵様は視野に入るすべての子どもたちを災難から守ってくれる、ということから「導地蔵」と呼ばれています。

お堂の縁側でひと休みしている家族連れなどもよく見かけ、その様子をお地蔵様があたたかく見守ってくれているようで、心温まります。お参りした後は、極楽寺にてご朱印をいただくことができます。

■開山　忍性菩薩
■開基　北条重時
■本尊　釈迦如来
■創建　1259年（正元元年

P50・86・97
MAP P123

❶鎌倉地蔵尊第二十番奉拝
❷導地蔵尊
❸三宝印（仏法僧宝）
❹極楽寺
❺鎌倉霊山殿極楽寺

●所在地／鎌倉市極楽寺3-6-7　●電話／0467-22-3402
●アクセス／江ノ島電鉄極楽寺駅より徒歩2分　●駐車場／なし
●拝観時間／9:00〜16:30
●拝観料／無料（宝物館は300円）

第21番

鎌倉三十三観音　第22番
鎌倉三十四地蔵　第20番
鎌倉十三仏　第12番

霊鷲山 極楽寺（ごくらくじ）

真言律宗

▲月影地蔵堂は、極楽寺の駅から歩いて10分ほどのところにあります。

▲ご朱印は極楽寺にて。

月影地蔵

江戸時代の木造地蔵菩薩立像で、白くてふっくらとしたお顔のお地蔵さまです。

月影地蔵

極楽寺から歩いて10分ほど、稲村ガ崎小学校奥の住宅地に小さなお堂があります。十六夜日記の著者阿仏尼が住んでいた月影ヶ谷にあったので「月影地蔵」と呼ばれるようになったといわれています。お堂の扉はいつも開かれているので、真っ赤な衣を身にまとった地蔵立像が拝観できます。

ここから鎌倉山方面へ通じる山道を歩いて、西鎌倉駅まで約6㎞のハイキングコースがあります。

■開山　忍性菩薩
■開基　北条重時
■本尊　釈迦如来
■創建　1259年（正元元年）

P50・85・97
MAP P123

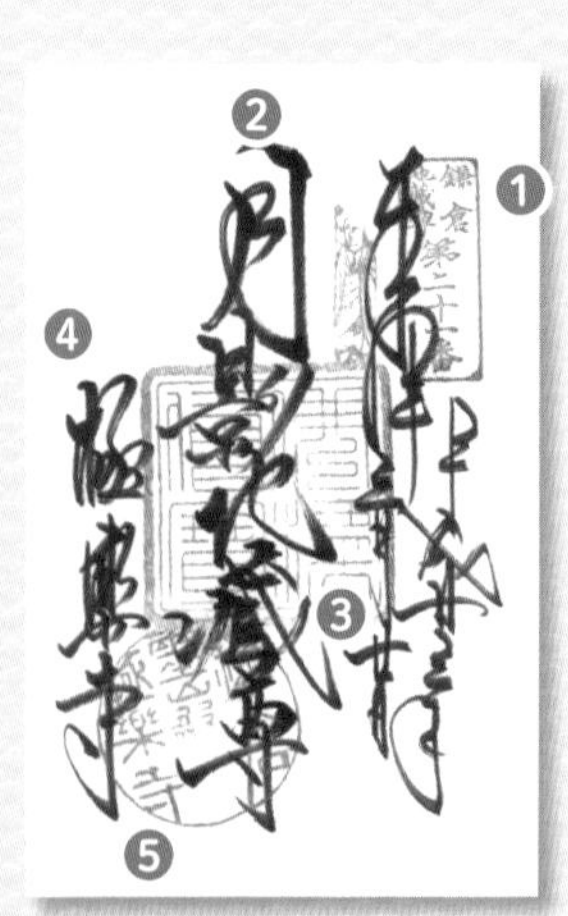

❶鎌倉地蔵尊第二十一番奉拝
❷月影地蔵尊
❸三宝印（仏法僧宝）
❹極楽寺
❺鎌倉霊山殿極楽寺

●所在地／鎌倉市極楽寺3-6-7　●電話／0467-22-3402
●アクセス／江ノ島電鉄極楽寺駅より徒歩2分　●駐車場／なし
●拝観時間／9:00〜16:30
●拝観料／無料（宝物館は300円）

大本山 光明寺（こうみょうじ）

浄土宗

■開山　然阿良忠上人
■開基　北条経時
■本尊　阿弥陀如来
■創建　不詳

P42　MAP P122

第22番

鎌倉三十三観音／第18番

❶鎌倉地蔵尊第二十二番奉拝
❷延命地蔵尊　❸火炎宝珠に梵字「力」
❹大本山光明寺　❺大本山光明寺

網引延命地蔵

本堂の右方向には、網引延命地蔵とよばれる、正中2年（1325）作の銘のある石像が安置されています。光明寺裏山の小坪切通しの鎌倉側の入口のやぐらにありました。光明寺裏山からは巨大な山門の向こうに海が広がります。

●所在地／鎌倉市材木座6-17-19　●電話／0467-22-0603
●アクセス／鎌倉駅から京急バス[鎌40・7番]
小坪経由逗子駅行き、 光明寺下車徒歩1分
●駐車場／有（10台）無料
●拝観時間／4月1日～10月14日　6:00～17:00
10月15日～3月31日　7:00～16:00　●拝観料／志納

帰命山 延命寺（えんめいじ）

浄土宗

■開山　専蓮社昌誉能公上人
■本尊　阿弥陀如来
■創建　不詳

P30　MAP P119

第23番

鎌倉三十三観音／第11番

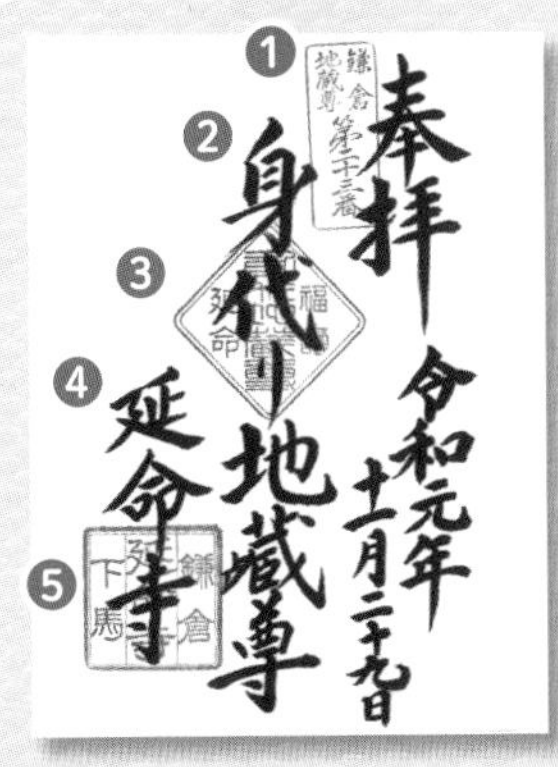

❶鎌倉地蔵尊第二十三番奉拝
❷身代り地蔵尊　❸福壽身代地蔵尊延命
❹延命寺　❺鎌倉延命寺下馬

身代り地蔵

「裸地蔵」や「前出地蔵」とも呼ばれています。時頼夫妻が負けた方が裸になるという賭けをして双六遊びをした際、負けそうになった夫人が困ってお地蔵さまを念じたところ、裸の地蔵菩薩が現れ、夫人を救ったと伝わります。現在は法衣を身にまとっています。

●所在地／鎌倉市材木座1-1-3　●電話／0467-22-5464
●アクセス／JR鎌倉駅東口より徒歩5分
●駐車場／なし
●拝観時間／9:00～16:00（本堂内拝観は前日までに要予約）
●拝観料／200円（目安）

祇園山 安養院（あんよういん）

浄土宗

第24番

鎌倉三十三観音 第3番
坂東三十三観音 第3番

日限地蔵

山門をくぐると左手に樹齢700年の大きな槙の樹、その隣に地蔵堂があり、石造地蔵菩薩坐像（日限地蔵）が安置されています。日限地蔵は、日を限って願掛けをしてお参りを続けると、願いを叶えてくれるといわれるお地蔵さまです。

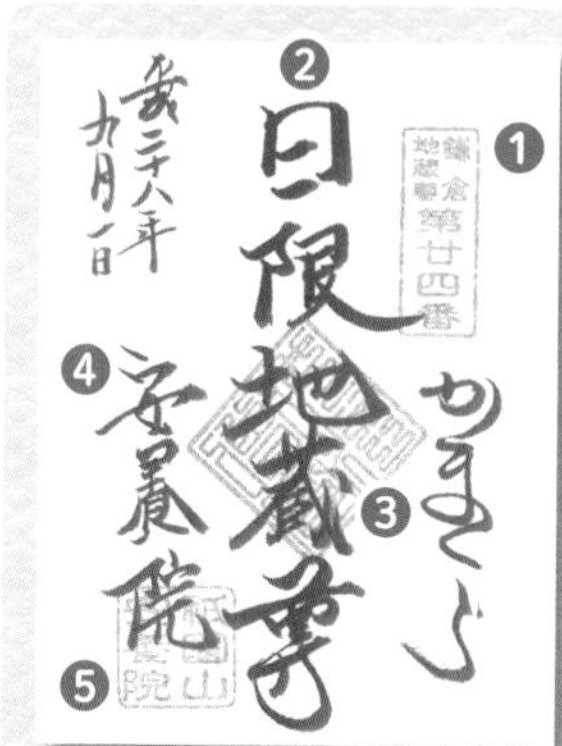

❶鎌倉第二十四番札所
❷日限地蔵尊 ❸三宝印（仏法僧宝）
❹安養院 ❺相模国安養院鎌倉町

■開山 願行上人
■開基 北条政子
■本尊 阿弥陀如来
■創建 1225年（嘉禄元年）

P18
MAP P122

●所在地／鎌倉市大町3-1-22 ●電話／0467-22-0806
●アクセス／JR鎌倉駅東口より徒歩13分
●駐車場／有（2台）無料 ●拝観時間／8:00～16:30
●拝観料／大人100円

鎌倉三名鐘

建長寺 梵鐘（国宝）

建長七年（1255年）に大旦那を北条時頼、建長寺開山蘭渓道隆が撰文し筆をとり、鋳物師を物部重光として造られました。

円覚寺 洪鐘（国宝）

高さ259・4cm、口径142cmもある鎌倉一大きな鐘です。正安三年（1301年）、大旦那を九代執権北条貞時とし、円覚寺第六世で建長寺第十一世の西澗子曇が撰文し、鋳造師を物部国光によって造られました。

常楽寺 梵鐘（重要文化財）

鎌倉市内最古の鐘。高さ131・2cm、口径68・0cm。宝治二年（1248年）に造られたものだそうです。現在は鎌倉国宝館に寄託されています。

鎌倉十三仏

鎌倉十三仏めぐり

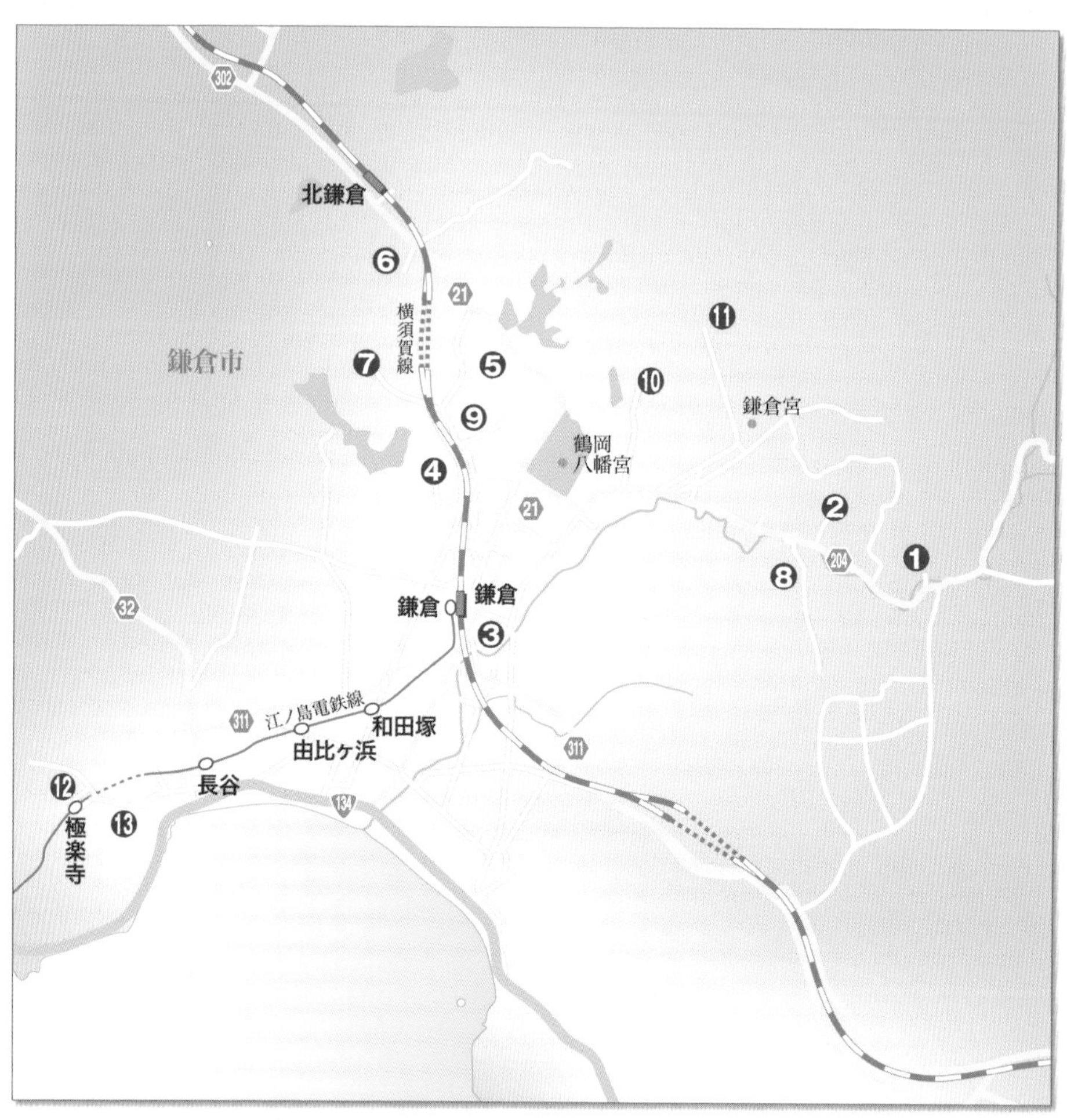

3日間でゆっくり13ヵ所めぐるコース

1日目	❶明王院 ▶ ❷浄妙寺 ▶ ❽報国寺 ▶ ⓫覚園寺 ▶ ❿来迎寺 ▶ ❸本覚寺
2日目	❻浄智寺 ▶ ❺円応寺 ▶ ❾浄光明寺 ▶ ❼海蔵寺 ▶ ❹寿福寺
3日目	⓬極楽寺 ▶ ⓭星井寺

鎌倉十三仏霊場一覧

札所	寺院名	鎌倉十三仏	住所
第1番	飯盛山　明王院	不動明王（秦広王）	鎌倉市十二所32
第2番	稲荷山　浄妙寺	釈迦如来（初江王）	鎌倉市浄明寺3-8-31
第3番	妙厳山　本覚寺	文殊菩薩（宋帝王）	鎌倉市小町1-12-12
第4番	亀谷山　寿福寺	普賢菩薩（五官王）	鎌倉市扇ガ谷1-17-7
第5番	新居山　円応寺	地蔵菩薩（閻魔王）	鎌倉市山ノ内1543
第6番	金宝山　浄智寺	弥勒菩薩（変成王）	鎌倉市山ノ内1402
第7番	扇谷山　海蔵寺	薬師如来（泰山王）	鎌倉市扇ガ谷4-18-8
第8番	功臣山　報国寺	観世音菩薩（平等王）	鎌倉市浄明寺2-7-4
第9番	泉谷山　浄光明寺	勢至菩薩（都市王）	鎌倉市扇ガ谷2-12-1
第10番	満光山　来迎寺	阿弥陀如来（五道輪廻王）	鎌倉市西御門1-11-1
第11番	鷲峰山　覚園寺	阿閦如来（蓮上王）	鎌倉市二階堂421
第12番	霊鷲山　極楽寺	大日如来（抜苦王）	鎌倉市極楽寺3-6-7
第13番	明鏡山　星井寺	虚空蔵菩薩（慈恩王）	鎌倉市坂ノ下18-28

十三仏は室町時代に成立されたといわれ、十三仏を参拝すれば、亡き人の追善になることはもちろん、自分の死後、追善を行ったという善行の功徳により、十三王の審判から救済され、後生は善處に生じると信じられ、十三仏信仰が盛んになりました。　現在でも日本各地に十三仏霊場があり、多くの人が巡拝しています。鎌倉の十三仏霊場は、１９８３年（昭和58年）に定められました。

飯盛山 明王院（みょうおういん）

真言宗泉涌寺派

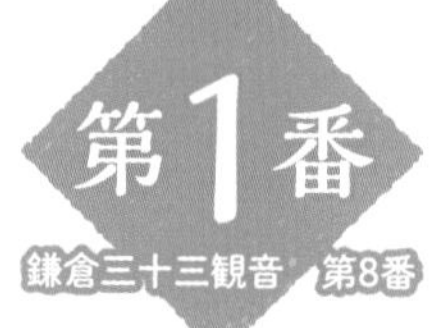

■開山　鶴岡八幡宮別当定豪
■開基　藤原頼経
■本尊　不動明王
■創建　1235年（嘉禎元年）

P25
MAP P120

第1番

鎌倉三十三観音　第8番

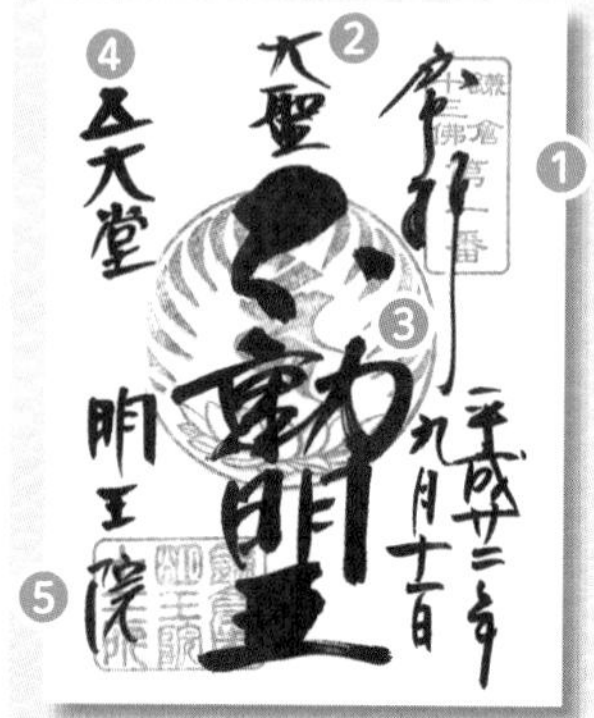

❶鎌倉十三佛第一番奉拝
❷大聖不動明王　❸本尊を表す印
❹五大堂　明王院　❺鎌倉市明王院十二所

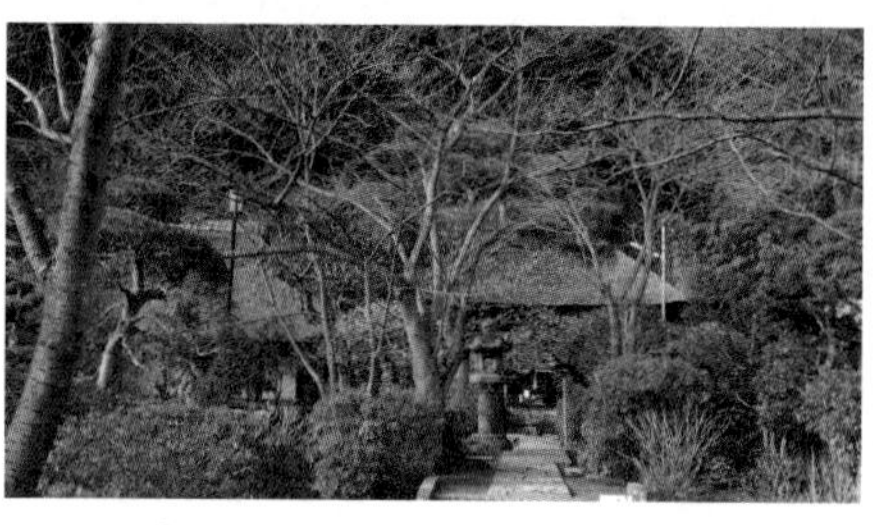

不動明王
（初七日　秦広王）

秦広王が生前、良い行いをした者と悪い行いをしたものを分けます。それによって三途の川を渡る場所が定められ、善業者は浅い場所、悪業者は深い場所、極悪の者は鬼が足を引っ張り、苦しめられるといわれています。

●所在地／鎌倉市十二所32　●電話／0467-25-0416
●アクセス／JR鎌倉駅から京急バス[鎌23・5番]太刀洗行き、[鎌24・5番]金沢八景行き十二所下車 徒歩2分
●駐車場／なし　●拝観時間／9:00～16:00

稲荷山 浄妙寺（じょうみょうじ）

臨済宗建長寺派

■開山　退耕行勇
■開基　足利義兼
■本尊　釈迦如来
■創建　1188年（文治4年）

P26
MAP P121

第2番

鎌倉五山　第5位
鎌倉三十三観音　第9番

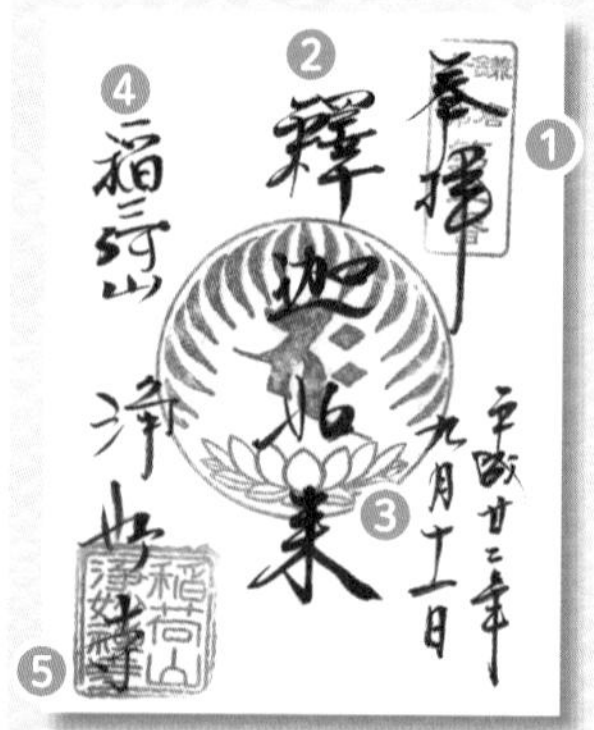

❶鎌倉十三佛第二番奉拝
❷釈迦如来　❸本尊を表す印
❹稲荷山　浄妙寺　❺稲荷山　浄妙禅寺

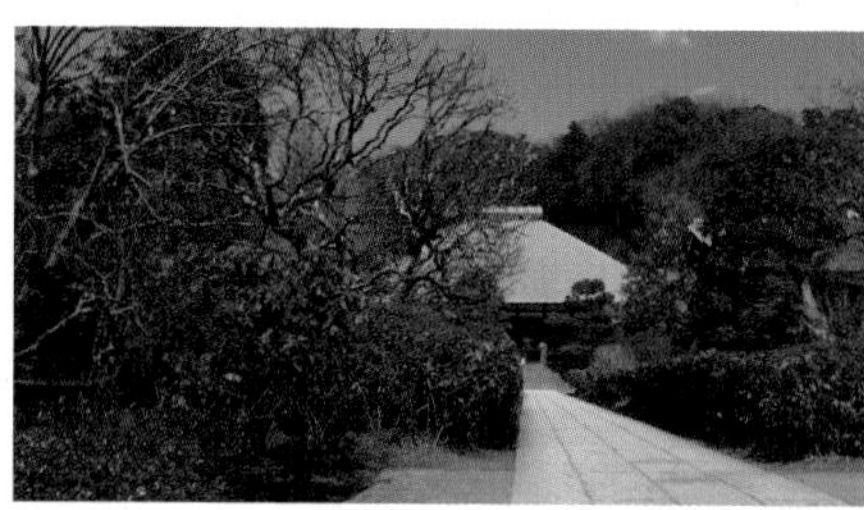

釈迦如来
（二七日　初江王）

初江王は亡くなって十四日目ふたなのかに審理を行います。三途の川には奪衣婆と縣衣翁の二鬼がいて、奪衣婆は衣を奪って縣衣翁に渡し、翁は衣を樹の枝にかける。枝のたれ具合で罪の重さを決定するともいわれています。

●所在地／鎌倉市浄明寺3-8-31　●電話／0467-22-2818
●アクセス／JR鎌倉駅から京急バス[鎌23・5番]太刀洗行き、[鎌24・5番]金沢八景行き、[鎌36・5番]ハイランド行き浄明寺下車徒歩2分
●駐車場／有（20台）有料　●拝観時間／9:00～16:30
●拝観料／大人100円 小学生50円

妙厳山
本覚寺（ほんがくじ）

日蓮宗

■開山　日出
■本尊　釈迦三尊
■創建　1436年（永亨8年）

P116
MAP P119

第3番
鎌倉・江の島七福神

❶鎌倉十三佛第三番奉拝
❷文殊菩薩　❸本尊を表す印
❹本覚寺　❺本覚寺

文殊菩薩
（三七日　宋帝王）

亡くなってから21日目、宋帝王（そうていおう）によって、邪淫の罪が裁かれます。邪淫とは、夫や妻以外の者と関係をもつようないけない行為。よこしまな性におぼれたり、また、か弱い女性をだまし、苦しめたりした罪がさばかれます。

●所在地／鎌倉市小町1-12-12
●電話／0467-22-0490
●アクセス／鎌倉駅東口より徒歩5分　●駐車場／なし
●拝観時間／9:00～16:00　●拝観料／無料

亀谷山
壽福寺（じゅふくじ）

臨済宗
建長寺派

■開山　栄西
■開基　北条政子
■本尊　宝冠釈迦如来
■創建　1200年（正治2年）

P54・84
MAP P119

第4番
鎌倉三十三観音　第24番
鎌倉二十四地蔵　第18番

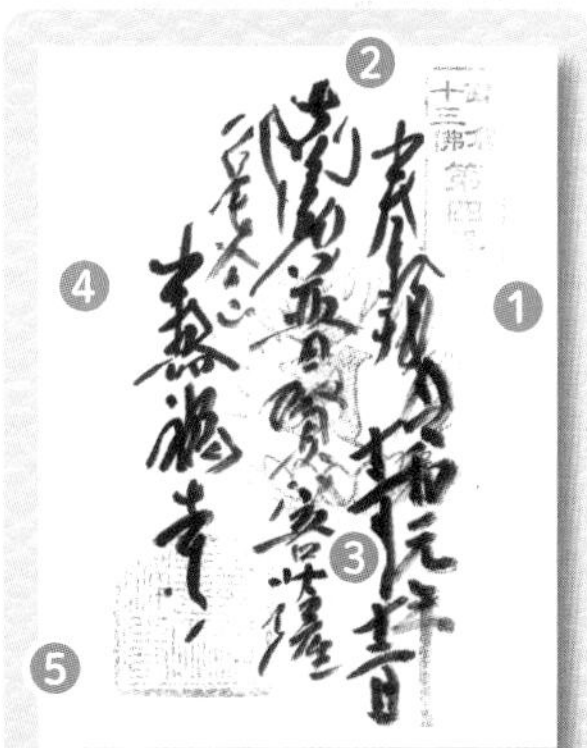

❶鎌倉十三佛第四番奉拝
❷南無普賢菩薩　❸本尊を表す印
❹亀谷山壽福寺　❺亀谷山壽福金剛禅寺

普賢菩薩
（四七日　五官王）

五官王は、亡者の身口の七罪（殺生・偸盗・邪淫・妄語・綺語・悪口・両舌）を秤に掛けて、その量を記録します。七つの罪状秤（天秤）があります。

●所在地／鎌倉市扇ガ谷1-17-7
●電話／0467-22-6607
●アクセス／鎌倉駅西口より徒歩10分　●駐車場／なし
●拝観時間／日没まで　●拝観料／無料（中門まで拝観可能）

新居山
円応寺（えんのうじ）

臨済宗建長寺派

■開山　智覚禅師
■本尊　閻魔大王
■創建　1250年（建長2年）

P78
MAP P125

❶鎌倉十三佛第五番奉拝
❷南無地蔵菩薩（子そだてえんま）
❸本尊を表す印　❹圓應寺　❺圓應寺印

地蔵菩薩（五七日　閻魔王）

亡くなってから35日後に、閻魔大王の審判が行われます。浄頗梨の鏡を用いて、亡者の善悪の業を余すところなく写しだして記録します。閻魔大王は本当は地蔵菩薩で、迷い苦しむ者を差別せず、導き救ってくれる菩薩なのです。

●所在地／鎌倉市山ノ内1543　●電話／0467-25-1095
●アクセス／JR鎌倉駅より江ノ電バス[2番]大船駅行き、建長寺下車徒歩3分・北鎌倉駅より徒歩15分　●駐車場／なし
●拝観時間／9:00～16:00(12～2月は15:30まで)
●拝観料／200円・高齢者、障害者手帳をお持ちの方は無料

金宝山
浄智寺（じょうちじ）

臨済宗円覚寺派

■開山　南洲宏海
大休正念　兀菴普寧
■開基　北条師時
■本尊　木造三世仏坐像
■創建　1281年（弘安4年）

P66・80・114
MAP P125

❶鎌倉十三佛第六番奉拝
❷南無弥勒菩薩　❸本尊を表す印
❹金宝山浄智寺　❺浄智寺

弥勒菩薩（六七日　変成王）

閻魔大王のところで転生の道が定まっても、執行猶予をかなえられた亡者は、変成王によって生まれ変わりの場所を決定します。この赤鬼、青鬼は人間の善悪を見破る3つ目の鬼がいて、厳しく最終審査を行います。

●所在地／鎌倉市山ノ内1402　●電話／0467-22-3943
●アクセス／北鎌倉駅より徒歩10分
●駐車場／有（10台）無料　●拝観時間／9:00～16:30
●拝観料／200円

扇谷山 海(かい)蔵(ぞう)寺(じ)

臨済宗建長寺派

■開山　心昭空外
■開基　上杉氏定
■本尊　薬師如来
■創建　1394年(応永元年)

P58・82
MAP P119

第7番

鎌倉三十三観音　第26番
鎌倉二十四地蔵　第15番

❶鎌倉十三佛第七番奉拝
❷南無琉璃光如来　❸薬師如来を表す印
❹扇谷山　海蔵寺　❺海蔵禅寺

薬師如来
（七七日　泰山王）

亡くなった日から数えて四十九日の間を現世と来世の中間という意味で中陰といいます。泰山王は閻魔王の裁きを受けて、男女の別や寿命を決定します。亡者は、四十九日までの間は、この世からあの世への旅を続けているといわれています。

●所在地／鎌倉市扇ガ谷4-18-8　●電話／0467-22-3175
●アクセス／鎌倉駅西口より徒歩20分
●駐車場／有(20台)無料　●拝観時間／9:30〜16:00
●拝観料／十六ノ井100円

功臣山 報(ほう)国(こく)寺(じ)

臨済宗建長寺派

■開山　天岸慧広
■開基　足利家時
■本尊　釈迦如来
■創建　1334年(建武元年)

P28
MAP P121

第8番

鎌倉三十三観音　第10番

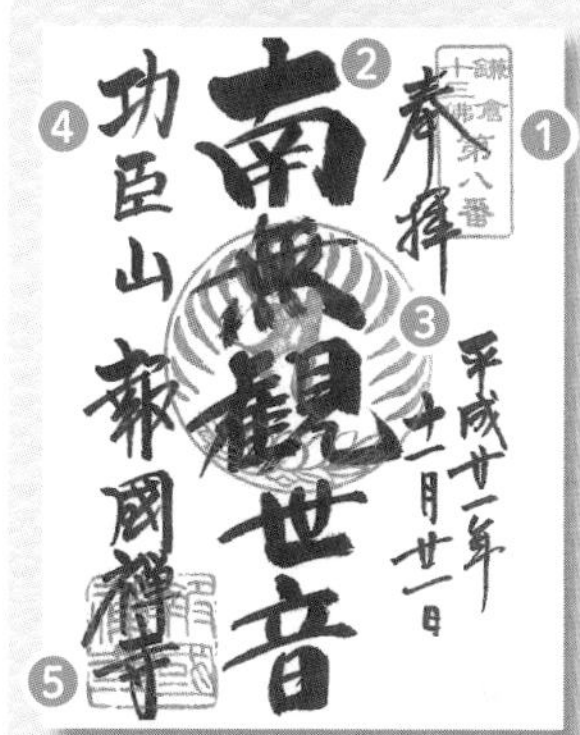

❶鎌倉十三佛第八番奉拝
❷南無観世音　❸本尊を表す印
❹功臣山　報国禅寺　❺報国禅寺

観世音菩薩
（百ヶ日　平等王）

百ヶ日は故人が新仏となって初の法要で卒哭忌ともいい、悲しんで泣くのを卒業するという意味を持ちます。遺族は貪りの心を慎むことを誓って、亡者の追善供養を行うことで現世で功徳となる善行を積むことができます。

●所在地／鎌倉市浄明寺2-7-4　●電話／0467-22-0762
●アクセス／JR鎌倉駅から京急バス[鎌23・5番]太刀洗行き、[鎌24・5番]金沢八景行き、[鎌36・5番]ハイランド行き浄明寺下車徒歩2分　●駐車場／有(5台)無料
●拝観時間／9:00〜16:00　●拝観料／竹林300円

泉谷山 浄光明寺（じょうこうみょうじ）

真言宗泉涌寺派

■開山　真阿（真聖国師）
■開基　北条長時
■本尊　阿弥陀三尊
■創建　1251年（建長3年）

P56・83
MAP P119

第9番

鎌倉三十三観音　第25番
鎌倉二十四地蔵　第16番・第17番

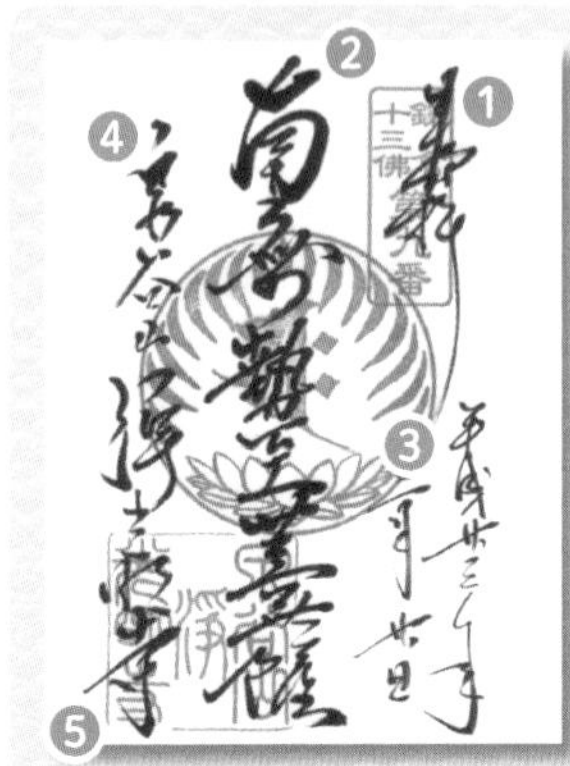

❶鎌倉十三佛第九番奉拝
❷南無勢至菩薩　❸本尊を表す印
❹泉谷山　浄光明寺　❺泉谷山　浄光明寺

勢至菩薩（一周忌　都市王）

1年目に亡者が裁かれる都市王。百ヶ日からは亡者の再審査が行われ、遺族がどれだけ供養するかにかかってきます。遺族は、法華経を書写し、阿弥陀如来の像を造って追善すれば亡者の苦を抜くことができます。

●所在地／鎌倉市扇ガ谷2-12-1　●電話／0467-22-1359
●アクセス／鎌倉駅西口より徒歩15分　●駐車場／なし
●拝観時間／9:00～16:00
●拝観料／阿弥陀堂拝観のみ200円

満光山 来迎寺（らいこうじ）（西御門）

時宗

■開山　一向上人
■本尊　阿弥陀如来
■創建　1293年（永仁元年）

P22・74
MAP P118

第10番

鎌倉三十三観音　第5番
鎌倉二十四地蔵　第2番

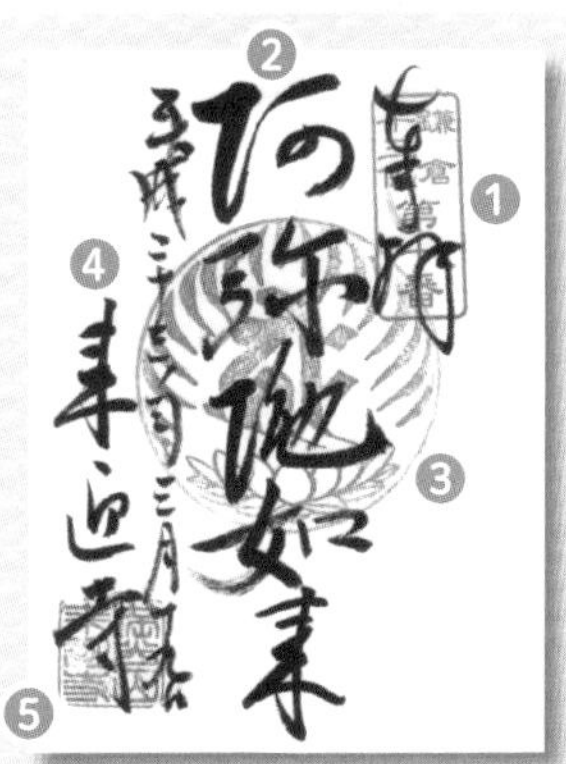

❶鎌倉十三佛第十番奉拝
❷阿弥陀如来　❸阿弥陀如来を表す印
❹来迎寺　❺満光山　来迎寺

阿弥陀如来（三回忌　五道輪廻王）

三回忌の主催は五道輪廻王で本地は阿弥陀如来です。三回忌で阿弥陀如来が現れるという意味は、三回忌をもって、死後の霊は極楽といわれる西方浄土に達するという考え方からきています。

●所在地／鎌倉市西御門1-11-1　●電話／0467-24-3476
●アクセス／JR鎌倉駅から京急バス［鎌23・5番］太刀洗行き、［鎌24・5番］金沢八景行き大学前または岐れ道下車徒歩10分
●駐車場／なし　●拝観時間／10:00～16:00（拝観可能日不定期）　●拝観料／200円

鷲峰山 覚園寺（かくおんじ）

真言宗泉涌寺派

■開山　智海心慧
■開基　北条貞時
■本尊　薬師如来
■創建　1296年（永仁4年）

P75
MAP P124

❶鎌倉十三佛第十一番奉拝
❷阿閦如来　❸本尊を表す印
❹鷲峰山　❺覚園寺印

阿閦如来
（七回忌　蓮上王）

七回忌は蓮上王（蓮花王・蓮華王・祇園王ともいいます）。阿閦如来は、光明を放って、亡者を安穏ならしめるといい、悟りや信心をより堅固なものに導きます。

●所在地／鎌倉市二階堂421　●電話／0467-22-1195
●アクセス／JR 鎌倉駅より京急バス[鎌20・4番]大塔宮行き、大塔宮下車徒歩10分
●駐車場／なし　●拝観時間／10:00～15:00
●拝観料／大人500円 小中学生200円

霊鷲山 極楽寺（ごくらくじ）

真言律宗

■開山　忍性菩薩
■開基　北条重時
■本尊　釈迦如来
■創建　1259年（正元元年

P50・85・86
MAP P123

第12番

鎌倉三十三観音　第22番
鎌倉二十四地蔵　第20番　第21番

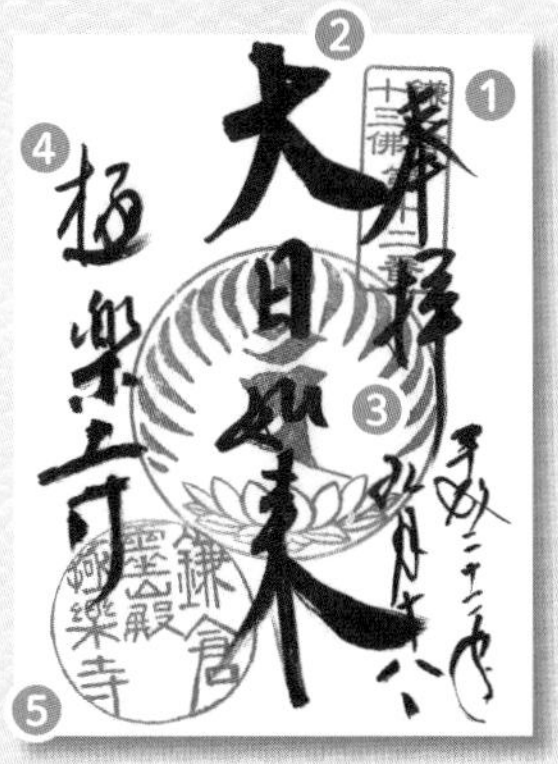

❶鎌倉十三佛第十二番奉拝
❷大日如来　❸本尊を表す印
❹極楽寺　❺鎌倉霊山殿極楽寺

大日如来
（十三回忌　抜苦王）

抜苦王は、亡者に善をなし功徳を積み、最上の仏果を成すべきと説きます。

●所在地／鎌倉市極楽寺3-6-7　●電話／0467-22-3402
●アクセス／江ノ島電鉄極楽寺駅より徒歩2分
●駐車場／なし　●拝観時間／9:00～16:30
●拝観料／宝物館300円

明鏡山 星井寺（ほしのいでら）

真言宗大覚寺派

■開山　行基
■本尊　虚空蔵菩薩

P48
MAP P123

第13番

鎌倉三十三観音　第21番（成就院）

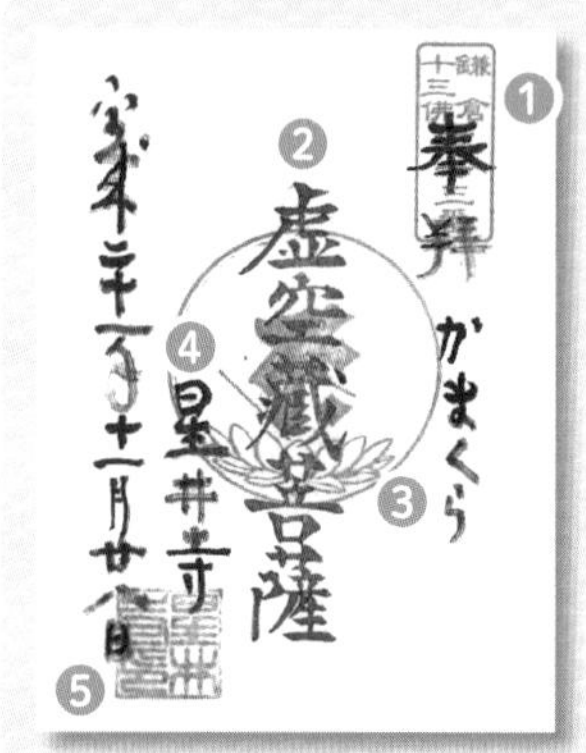

①鎌倉十三佛第十三番奉拝
②虚空蔵菩薩　③本尊を表す印
④星井寺　⑤星井寺

虚空蔵菩薩
（三十三回忌　慈恩王）

忌日が成満する日で、亡者は本有に帰るのでその冥福を祈ります。虚空蔵菩薩が祀られている虚空蔵堂は境外仏堂として成就院が管理しており、正式には「明鏡山円満院星井寺」というお寺。

●所在地／鎌倉市坂ノ下18-28
●電話／0467-22-3401（成就院が管理）
●アクセス／江ノ島電鉄長谷駅より徒歩5分
●駐車場／なし　●拝観時間／特になし　●拝観料／なし

鎌倉十井

■**鉄ノ井**
鎌倉市雪の下付近
鶴岡八幡宮前の交差点を八幡宮へ向かって左へ。八幡宮の西の角あたりにあります。

■**六角ノ井**
逗子市小坪5丁目付近
材木座から小坪方面へ、小坪海岸トンネル手前を海側へ入った道端にあります。

■**底脱ノ井**
鎌倉市扇ガ谷4-18-8
海蔵寺の山門の右手前にあります。

■**瓶ノ井**
鎌倉市山ノ内189
明月院開山堂（宗猷堂）の傍らにあります。

■**銚子ノ井**
鎌倉市材木座2丁目付近
大町大路のJR横須賀線名越踏切を渡り、長勝寺の門前を過ぎたあたりにあります。

■**甘露ノ井**
鎌倉市山ノ内1402
浄智寺の門前にあります。

■**泉ノ井**
鎌倉市扇ガ谷2丁目付近
浄光明寺を出て左へ100メートルほど歩いたところにあります。

■**扇ノ井**
扇ヶ谷3丁目付近
個人宅の庭にあるため見ることができません。

■**棟立の井**
鎌倉市二階堂421
境内の薬師堂裏の山際にありますが、現在は立ち入ることができません。

■**星ノ井**
鎌倉市坂ノ下18-28付近
虚空蔵堂（明鏡山円満院星井寺）へ続く石段の脇にあります。

鎌倉五山＆
鎌倉を
代表する神社

鎌倉五山とは

鎌倉時代に鎌倉五山とは、中国南宗時代の五山制度に習い、禅宗（臨済宗）のお寺の寺格を定めるため設けられた制度です。１３８６年、室町幕府三代将軍足利義満によって、最終的な五山が決定され、鎌倉五山と京五山が決定しました。

鎌倉五山一覧

札所	寺院名	鎌倉三十三観音札所	住所
第1位	巨福山 建長寺	鎌倉三十三観音第28番	鎌倉市山ノ内8
第2位	瑞鹿山 円覚寺	鎌倉三十三観音　第33番 （円覚寺塔頭　佛日庵）	鎌倉市山ノ内409
第3位	亀谷山 壽福寺	鎌倉三十三観音第24番	鎌倉市扇ガ谷1-17-7
第4位	金宝山 浄智寺	鎌倉三十三観音第31番	鎌倉市山ノ内1402
第5位	稲荷山 浄妙寺	鎌倉三十三観音第9番	鎌倉市浄明寺3-8-31

第1位　建長寺

第3位　壽福寺

第2位　円覚寺

第4位　浄智寺

第5位　浄妙寺

鎌倉五山第2位

瑞鹿山 円覚寺

えんがくじ

臨済宗円覚寺派大本山

P70・81　MAP P125

▲円覚寺の本尊さまが祀られている仏殿。
本尊さまは冠をかぶっているので「宝冠釈迦如来」と呼ばれています。

■開山　無学祖元(仏光国師)
■開基　北条時宗
■本尊　宝冠釈迦如来
■創建　1282年(弘安5年)

モンゴル帝国との戦没者追悼のため禅寺

鎌倉五山第二位。1282年、文永・弘安の二度にわたる蒙古襲来で戦死した両軍将兵の菩提を弔うため、北条時宗が創建しました。約6万坪の広い境内は、山門・仏殿・方丈などがほぼ一直線に並ぶ宋の禅寺様式で、15の塔頭寺院が建っています。

塔頭のひとつである「佛日庵」には円覚寺大檀那である北条時宗・貞時・高時が祀られている「開基廟」があり、お堂の下に各遺骨を納めた石櫃があると伝えられています。

ワンモアポイント

円覚寺の名前は、1277年(建治3年)、寺院を建立する工事の際に土の中から「円覚経」を納めた石櫃が出てきたことに由来しています。

●所在地　鎌倉市山ノ内409
●電話　0467-22-0478
●アクセス
JR北鎌倉駅より徒歩1分
●駐車場　なし
●拝観時間　8:00～17:00
(11～3　月は16:00まで)
●拝観料　大人300円
小中学生100円

県道から円覚寺に入る参道の両脇には「白鷺池」と呼ばれる池があり、開山の無学祖元が鎌倉に来た時、鶴岡八幡宮のご神霊が白鷺となって道案内をしてこの池に降りたったという伝説があります。

選仏場
経蔵を兼ねた僧堂で坐禅道場。仏殿に向かって左手にある茅葺の小さな建物です。

▶選仏場は1699年に建てられたもので、円覚寺に残る古い建築物のひとつです。

▶選仏場へ入ると正面には薬師如来が。

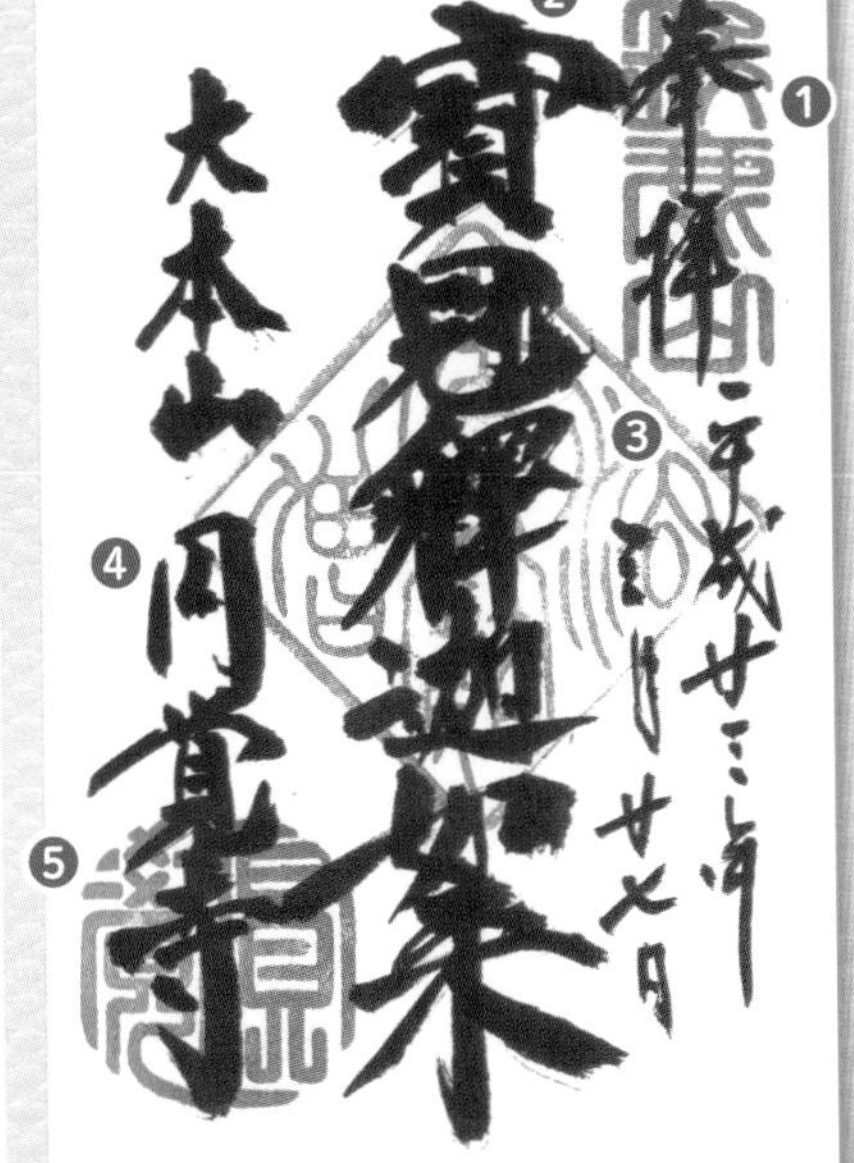

❶瑞鹿山奉拝
❷宝冠釈迦如来（ほうかんしゃかにょらい）
❸三宝印（仏法僧宝）
❹大本山円覚寺
❺円覚

▲瑞鹿山という額の懸かった総門をくぐると左手に受付があります。

瑞鹿山 円覚寺（えんがくじ）

▶1301年北条時貞が国家の安泰を祈って寄進した「洪鐘」。高さ259.5cm・口径142cmで鎌倉では最大。国宝に指定されています。

▲各種法要の他、坐禅会や説教会、夏期講座等の講演会や秋の寳物風入などにも使われます。

▲各方丈の前庭には、百観音が並んでいます。
これらの石仏はもとは松嶺院内補陀落迦観自在窟にあったものといわれています。

▲黄梅院
円覚寺塔頭。境内の最も奥にある夢窓疎石の塔所です。「大本山円覚寺百観音霊場」とは、臨済宗円覚寺派でつくった観音霊場で、札所1番は大本山円覚寺の聖観世音菩薩、結願札所も円覚寺の百観音。黄梅院は第2番札所になっています。

▲黄梅院境内の観音堂
聖観音菩薩像が祀られています。

▲舎利殿
室町時代に廃寺となった鎌倉尼五山の第一位太平寺にあった仏殿を、塔頭正続院へと移築したもので、建造物としては鎌倉で唯一の国宝です。

▲鎌倉三十三観音の結願札所になっている「佛日庵」。円覚寺百観音の第4番札所にもなっています。

鎌倉・江ノ島七福神 弁財天

鶴岡八幡宮（つるがおかはちまんぐう）

■御祭神
応神天皇・比売神・神功皇后

P114　MAP P118　▲61段の大石段をのぼって本宮へ。

源頼朝・北条政子ゆかりの神社

康平6年（1063年）河内源氏2代目の源頼義が、前九年の役での戦勝を祈願した京都の石清水八幡宮を鎌倉の由比郷鶴岡（現材木座1丁目）に鶴岡若宮として勧請したのが始まりです。その後、治承4年（1180年）、鎌倉に入った源頼朝が現在の地に遷して鶴岡八幡宮新宮若宮としました。

現在の本宮は、文政11年（1828年）、江戸幕府11代将軍徳川家斉の造営による代表的な江戸建築で、若宮とともに国の重要文化財に指定されています。

ワンモアポイント

由比ヶ浜から鶴岡八幡宮に通じる参道で途中「一の鳥居」「二の鳥居」「三の鳥居」の3つの鳥居があります。二の鳥居から三の鳥居までの間は段葛（だんかずら）と呼ばれています。

●所在地
鎌倉市雪ノ下2-1-31
●電話　0467-22-0315
●アクセス
JR鎌倉駅より徒歩10分
●駐車場　有（40台）有料
●拝観時間　6:00〜20:30
（宝物殿は8:30〜16:00）
●拝観料　無料
（宝物殿は200円）

三ノ鳥居をくぐると太鼓橋をはさんで東側が源氏池、西側が平家池。夏になると蓮が美しく、昔は白蓮を源氏の白旗、紅蓮を平家の赤旗にちなんでそれぞれの池に植えられたようですが、現在は紅白入り混じって咲きます。

1193年(建久4年)に新造された「舞殿」。下拝殿とも呼ばれ、各種儀式が行われています。

▶段葛(だんかずら)
2014年11月1日から始まった整備工事が終わり、2016年3月30日、神事ののちに段葛の「通り初め」がおこなわれました。段葛に植えられていた桜は、248本から177本となりました。

▲倒伏する前の大銀杏。

▶大銀杏
2010年3月10日、八幡宮の御神木、樹齢1000年の大銀杏が強風で根と幹を分かつようにして倒伏しました。1年後の2011年3月10日に行われた祈願祭には千人近い参拝客が詰め掛け、さらなる成長を願いました。現在は、残された根元から多くの新芽が未来に向かって力強く成長を続けています。

古都鎌倉札所めぐり

初めて札所めぐりをする方々にとって、古都鎌倉はとてもまわりやすいよいところです。中でも鎌倉十三仏は、全てを2～3日でまわることもでき、札所めぐりの入門編としておすすめです。慈悲にみちあふれた仏様・忿怒身の仏様・優しい仏様たちに、自分自身の過去から現在までの罪障消滅と未来は善處に生まれるように、また冥土に旅立った両親・家族・親類縁者の追善のための巡拝として、身近に感じられると思います。第1番札所の明王院は、鎌倉十三仏事務局として、鎌倉十三仏詣実行委員会とともに、普段はなかなかふれることができないお寺の魅力をさまざまな試みによって伝えてくれています（P110参照）。

御朱印帳

御朱印帳は鎌倉三十三観音第1番の杉本寺をはじめとして、さまざまなお寺で購入することができます。鎌倉十三仏事務局の明王院が発行しているご朱印帳もあり、明王院・浄智寺で購入できます。札所めぐりの心得やマップも記されており、写真やかわいいイラスト付きで、親しみやすく作られています。明王院は十三仏の第1番札所になっているので、十三仏めぐりはここからスタートすれば、発願印も押してもらえ、時間があれば、いろいろなお話しをうかがうことができるかもしれません。

上記以外にも、十三佛巡礼用集印帳として、十三佛の仏様の御姿と経典が掲載されたものもあります(鎌倉十三仏集印帖3,000円 御朱印は別途)。初めてでも御経をお唱えしやすいように、大きな文字で見やすいように書かれています。明王院で購入できます。

ご朱印帳より抜粋

ご朱印は、記念スタンプとは明らかに違う

まっさらなご朱印帳に初めて墨書授印をいただくときの身のひきしまる思い。右上から札番を記した札所印、中央に札所の象徴を刻んだ法号印、左下に札所の寺名印と墨書と重なって、ご朱印があざやかに連なる。

祈願をこめて写経したものをお寺に納めて、納経の受領印をいただく納経帳が、いつの頃からかご朱印帳とよばれるようになりました。ご朱印は参拝したお寺の宝印をいただくことで、記念スタンプとは明らかに違います。今ではお守りとして大切にされることが多くなってきました。

ご案内

明王院の僧と巡る鎌倉十三仏札所

特徴

一番札所　明王院の先達で、鎌倉の十三仏を巡拝します。
十三箇所の各お寺で仏様の前で般若心経を唱え、ご朱印をもらいながら巡ります。
僧侶と一緒なので、特別拝観の本堂でのお詣りになります。

東の巡礼

工程

鎌倉駅（10:00集合）→[バス]→明王院
→浄妙寺→報国寺→[昼食]→覚園寺
→来迎寺→本覚寺
（16:00頃 本覚寺にて解散）
＊昼食は「北條」

西の巡礼

工程

北鎌倉駅（10:00集合）→浄智寺
→禅居院特別参拝→円応寺→[昼食]
→浄光明寺→海蔵寺→寿福寺→[江ノ電]
→極楽寺→虚空蔵堂
（16:00頃 虚空蔵堂にて解散）
＊昼食は若宮大路の「峰本」

★参加費/東の巡礼・西の巡礼各11,000円
（東の巡礼＋西の巡礼申込みの場合22,000円）
＊お布施・ご朱印代・昼食付き・入山料・保険含む（交通費は各自負担）

★御朱印/各寺、専用の紙にて（持参した御朱印帳は不可）

■問い合わせ

0467-40-3044（鎌倉十三仏詣実行委員会）
https://13butsu.net

鎌倉・江ノ島七福神

鎌倉・江ノ島七福神めぐり

七福神とは大黒天・恵比寿・毘沙門天・弁財天・福禄寿・寿老人・布袋和尚の７人の福徳の神のこと。江戸時代、徳川家康公の相談役をしていた天海僧正が、人心を鎮める行政の施策の一つとして家康公に七福神信仰を進言し、家康公が七福神を崇敬したことから全国で評判となったそうです。

江戸時代後期になると、庶民が行楽を兼ねて七福神詣でをするようになり、それが現在の「七福神めぐり」へと発展していきました。

鎌倉の七福神めぐりは、弁天様（弁財天）が二人いらっしゃるので、８ヵ所をめぐります。

1日で8ヵ所めぐるコース

浄智寺 ▶ 旗上弁財天社 ▶ 宝戒寺 ▶ 妙隆寺
▼
本覚寺 ▶ 長谷寺 ▶ 御霊神社 ▶ 江島神社

鎌倉・江ノ島七福神一覧

寺名		住所
金宝山　浄智寺	布袋尊	鎌倉市山ノ内1402
鶴岡八幡宮　旗上弁財天社	弁財天	鎌倉市雪ノ下2-1-31
金龍山　宝戒寺	毘沙門天	鎌倉市小町3-5-2
叡昌山　妙隆寺	寿老人	鎌倉市小町2-17-20
妙厳山　本覚寺	夷神	鎌倉市小町1-12-12
海光山　長谷寺	大黒天	鎌倉市長谷3-11-2
御霊神社	福禄寿	鎌倉市坂ノ下4-9
江島神社	弁財天	藤沢市江の島2-3-8

浄智寺でご朱印帳や額仕立用のご朱印専用和紙などを購入して
8ヵ所まわってみましょう。

金宝山 浄智寺（じょうちじ）

臨済宗円覚寺派

■開山　南洲宏海
　　　　大休正念 兀菴普寧
■開基　北条師時
■本尊　木造三世仏坐像
■創建　1281年（弘安4年）

P66・80・94
MAP P125

布袋尊

鎌倉三十三観音　第31番
鎌倉二十四地蔵　第12番
鎌倉十三地蔵　第6番

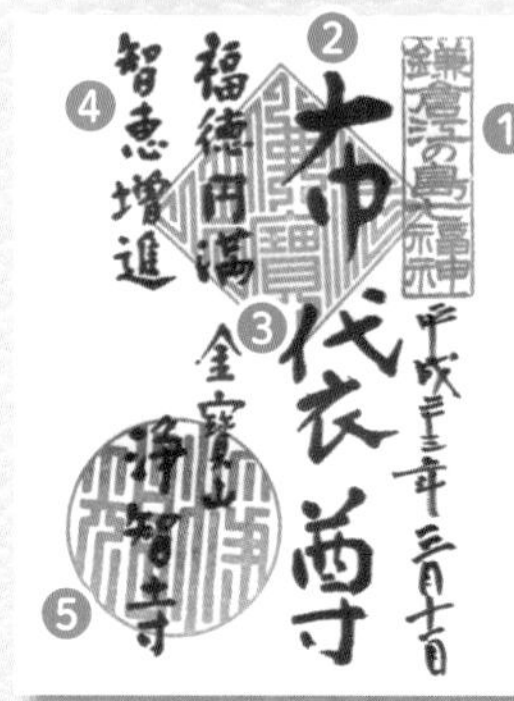

❶鎌倉江の島七福神
❷布袋尊（福徳円満　智恵増進）
❸三宝印（仏法僧宝）
❹金宝山　浄智寺　❺浄智寺

布袋尊

境内裏の洞窟に等身大石像が祀られています。「布袋尊（ほていさん）のお腹（おなか）をなでて上げて下さい。元気がもらえます。」と書いてあります。知恵を授け、福徳円満の人を作る福神です。

●所在地／鎌倉市山ノ内1402　●電話／0467-22-3943
●アクセス／JR北鎌倉駅より徒歩10分
●駐車場／有（10台）無料　●拝観時間／9:00～16:30
●拝観料／200円

鶴岡八幡宮 旗上弁財天社（はたあげべんざいてんしゃ）

P106
MAP P118

弁財天

弁財天

鳥居をくぐり、右側の源氏池に浮かぶ島にあります。源頼朝の旗あげに家運長久の守護神として弁財天が現れ、霊験があったと伝えられ、北条政子が建立したものとも伝わっています。弁財天像は国宝館に安置されており、武運長久、大願成就の福神です。

＊注1　P4参照

●所在地／鎌倉市雪ノ下2-1-31
●電話／0467-22-0315
●アクセス／鎌倉駅東口より徒歩10分
●駐車場／有（40台）有料
●拝観時間／境内6:00～20:30　宝物殿8:30～16:00
●拝観料／宝物殿200円

金龍山
宝戒寺（ほうかいじ）
天台宗

■開山　五代国師（円観慧鎮）
■開基　後醍醐天皇
■本尊　子育経読地蔵大菩薩
■創建　1335年（建武2年）

P16・74
MAP P118

毘沙門天

鎌倉三十三観音　第2番
鎌倉地蔵　第1番

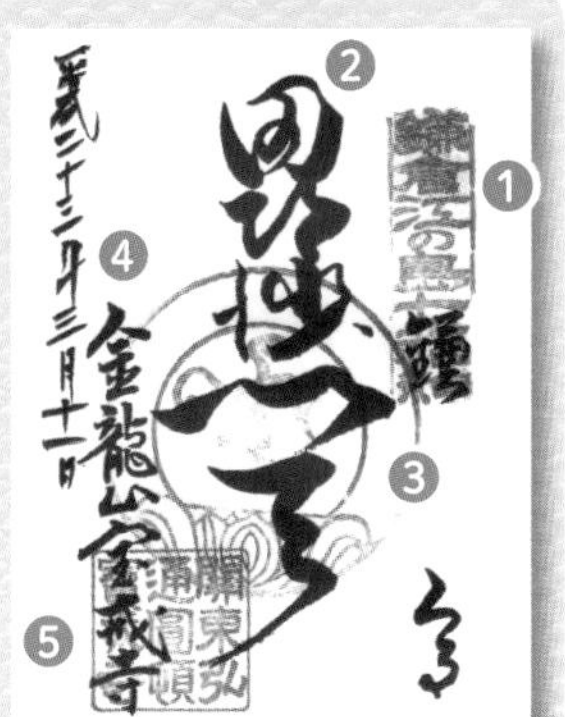

❶鎌倉江の島七福神　❷毘沙門天
❸本尊を表す印　❹金龍山宝戒寺
❺関東弘通円頓宝戒寺

毘沙門天

本堂の本尊の左手に毘沙門天が祀られています。毘沙門天は四天王の一つで、多聞天ともいいます。右手の鉾は悪霊を退散させ、左手の宝塔は一切経の宝蔵を示し、無量の智慧を授けるとされています。病魔退散、財宝富貴の福神です。

●所在地／鎌倉市小町3-5-22　●電話／0467-22-5512
●アクセス／JR鎌倉駅東口より徒歩13分
●駐車場／なし　●拝観時間／9:00～16:30
●拝観料／大人200円　小学生100円

叡昌山
妙隆寺（みょうりゅうじ）
日蓮宗

■開山　日英上人
■開基　千葉胤貞
■本尊　釈迦牟尼仏
■創建　1385年（至徳2年）

MAP P118

寿老人

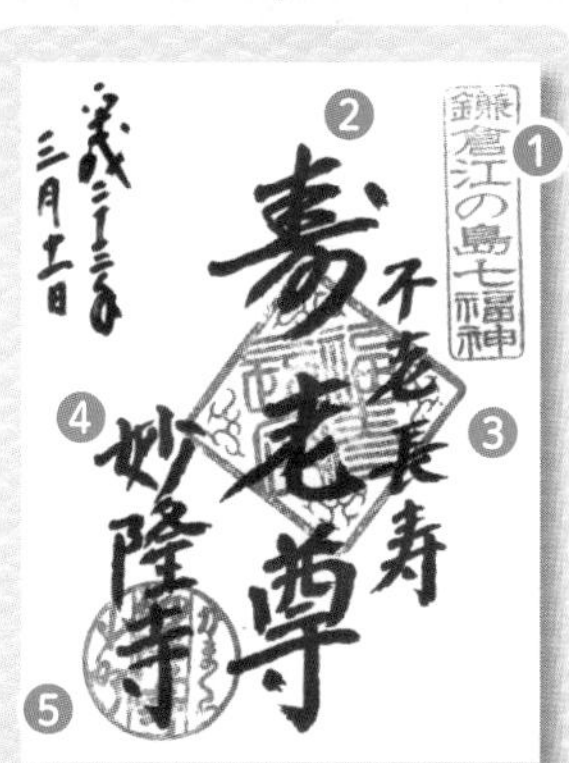

❶鎌倉江の島七福神
❷不老長寿　寿老尊　❸本尊を表す印
❹妙隆寺　❺かまくら妙隆寺小町

寿老人

寿老人は白ひげをたらし、杖を持ち、鹿を伴っています。妙隆寺境内の小さなお堂には、欅一木造りの寿老人像が祀られています。本堂の前庭には寿老人の石像があります。人々の健康と長寿を司る福神です。

●所在地／鎌倉市小町2-17-20
●電話／0467-23-3195
●アクセス／JR鎌倉駅東口より徒歩12分
●駐車場／なし　●拝観時間／終日開放　●拝観料／無料

妙厳山 本覚寺（ほんがくじ）

日蓮宗

■開山　日出
■本尊　釈迦三尊
■創建　1436年（永享8年）

P93
MAP P119

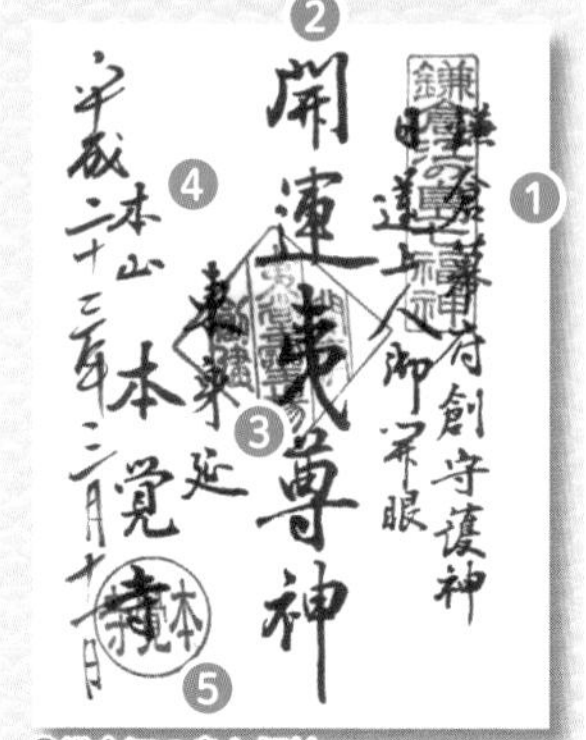

❶鎌倉江の島七福神
　鎌倉幕府創守護神
❷開運夷尊神　東身延　❸夷堂霊場
❹本山　本覚寺　❺本覚寺

夷神

「源頼朝」が鎌倉幕府の開幕の際に、幕府南西の裏鬼門にあたる方向の鎮守として七福神のひとつである夷神を守り神として祀りました。夷神は、日本の商売繁盛の神です。本覚寺の夷神は、釣り竿も鯛も持たない古い形の像です。

●所在地／鎌倉市小町1-12-12
●電話／0467-22-0490
●アクセス／鎌倉駅東口より徒歩5分　●駐車場／なし
●拝観時間／9:00〜16:00　●拝観料／無料

海光山 長谷寺（はせでら）

浄土宗

■開山　徳道上人
■開基　藤原房前
■本尊　十一面観世音菩薩
■創建　736年（天平8年）

P20
MAP P123

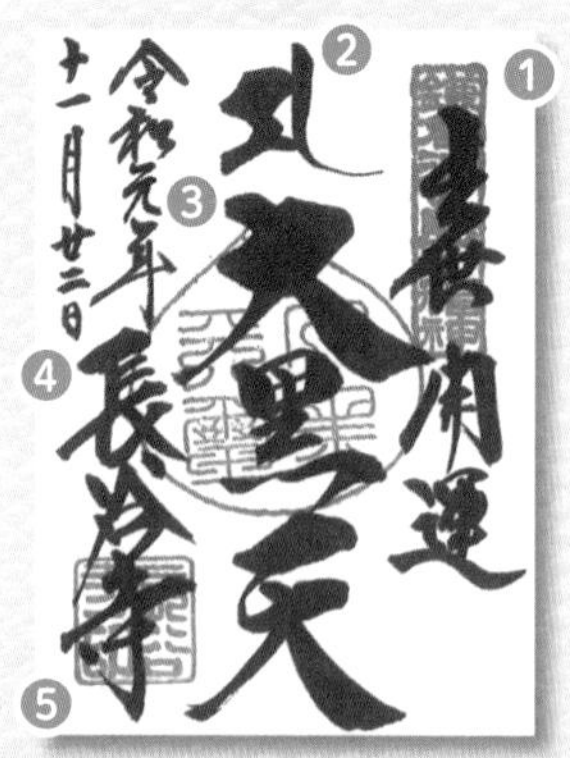

❶鎌倉江の島七福神
❷大黒天　❸大黒天璽（大黒天印）
❹長谷寺　❺長谷寺印

大黒天

長谷寺の大黒天像は神奈川県内でも最古の大黒天像で、現在は、観音ミュージアムに収蔵されています。出世開運の御利益で知られ、弘法大師の御作とも伝えられています。現在、大黒堂に祀られている「出世開運授け大黒天」が鎌倉江の島七福神のひとつです。

●所在地／鎌倉市長谷3-11-2　●電話／0467-22-6300
●アクセス／江ノ島電鉄長谷駅より徒歩5分　●駐車場／有（30台）有料
●拝観時間／8:00〜17:00（10〜2月16:30まで）
観音ミュージアム9:00〜16:00
●拝観料／大人400円　小学生200円

御霊神社（ごりょうじんじゃ）

福禄寿

❶鎌倉江の島七福神　❷福禄寿
❸祭神を表す印
❹かまくら坂の下 御霊神社
❺御霊神社 鎌倉

MAP P123

福禄寿

福禄寿は、福（幸せと子孫に恵まれる）・禄（お金に恵まれる）・寿（長生きする）の3つの徳をもった神様です。福・禄・寿を備えた神は人徳も備わっていることから、人徳の神としても親しまれています。

●所在地／鎌倉市坂ノ下4-9　●電話／0467-22-3251
●アクセス／江ノ島電鉄長谷駅より徒歩5分
●駐車場／なし　●拝観時間／9:00〜17:00
●拝観料／無料（収蔵庫は大人100円）

江島神社（えのしまじんじゃ）

弁財天

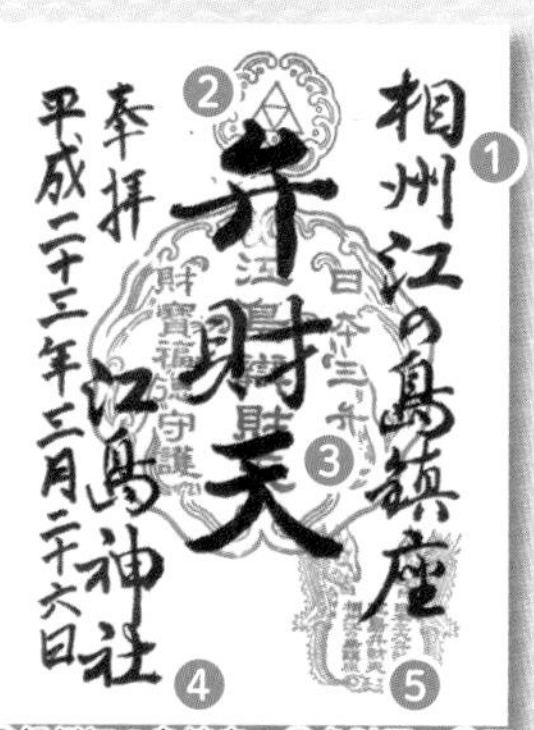

❶相州江の島鎮座　❷弁財天　❸三日本三大弁財天　江島弁財天　財賓福徳守護　❹奉拝　江島神社　❺日本三弁天　江島辯財天　財賓福徳守護

MAP P123

弁財天

八角のお堂・奉安殿は、奈良法隆寺の夢殿をモデルにした造りとなっています。中には二体の弁財天像のほかに、十五童子像、後宇多天皇の勅額、弘法大師の手形が押された護摩修法による弁財天像があります。

●所在地／藤沢市江の島2-3-8　●電話／0466-22-4020
●アクセス／江ノ島電鉄江の島駅より徒歩20分
●駐車場／有料駐車場あり　●拝観時間／8:30〜17:00
●拝観料／大人200円　中高生100円　小人50円

鎌倉駅周辺

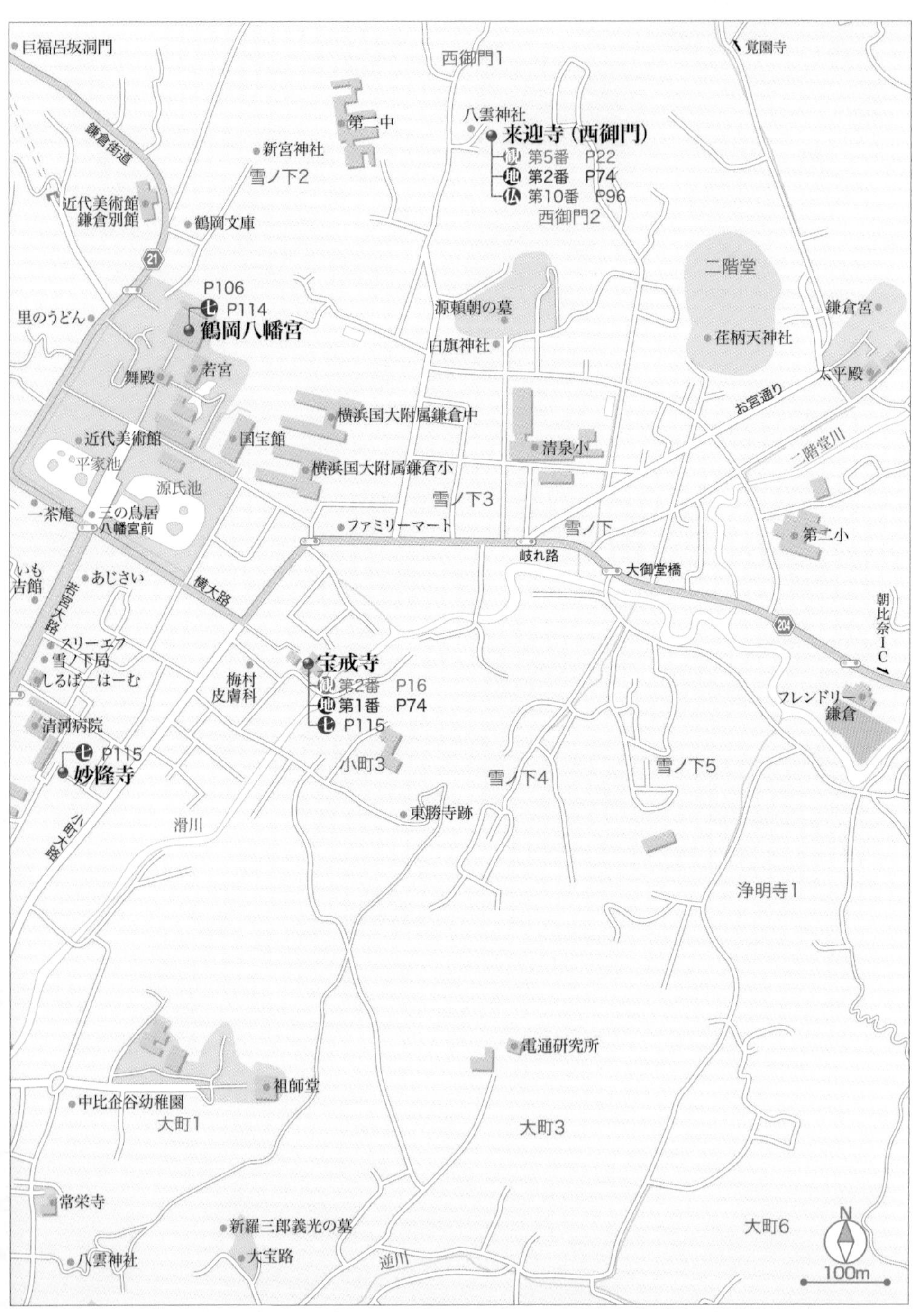

巨福呂坂洞門
覚園寺
西御門1
鎌倉街道
第二中
八雲神社
来迎寺（西御門）
観 第5番 P22
地 第2番 P74
仏 第10番 P96
西御門2
新宮神社
雪ノ下2
近代美術館
鎌倉別館
鶴岡文庫
21
二階堂
P106
七 P114
鶴岡八幡宮
源頼朝の墓
鎌倉宮
里のうどん
白旗神社
荏柄天神社
舞殿
若宮
太平殿
お宮通り
横浜国大附属鎌倉中
近代美術館
国宝館
清泉小
二階堂川
平家池
横浜国大附属鎌倉小
源氏池
雪ノ下3
一茶庵
三の鳥居
八幡宮前
ファミリーマート
雪ノ下
第二小
岐れ路
大御堂橋
いも
吉館
あじさい
横大路
若宮大路
朝比奈IC
204
スリーエフ
雪ノ下局
しるばーはーむ
宝戒寺
観 第2番 P16
地 第1番 P74
七 P115
梅村
皮膚科
フレンドリー
鎌倉
清河病院
七 P115
妙隆寺
小町3
雪ノ下4
雪ノ下5
東勝寺跡
滑川
小町大路
浄明寺1
電通研究所
祖師堂
中比企谷幼稚園
大町1
大町3
常栄寺
新羅三郎義光の墓
大町6
大宝路
八雲神社
逆川
N
100m

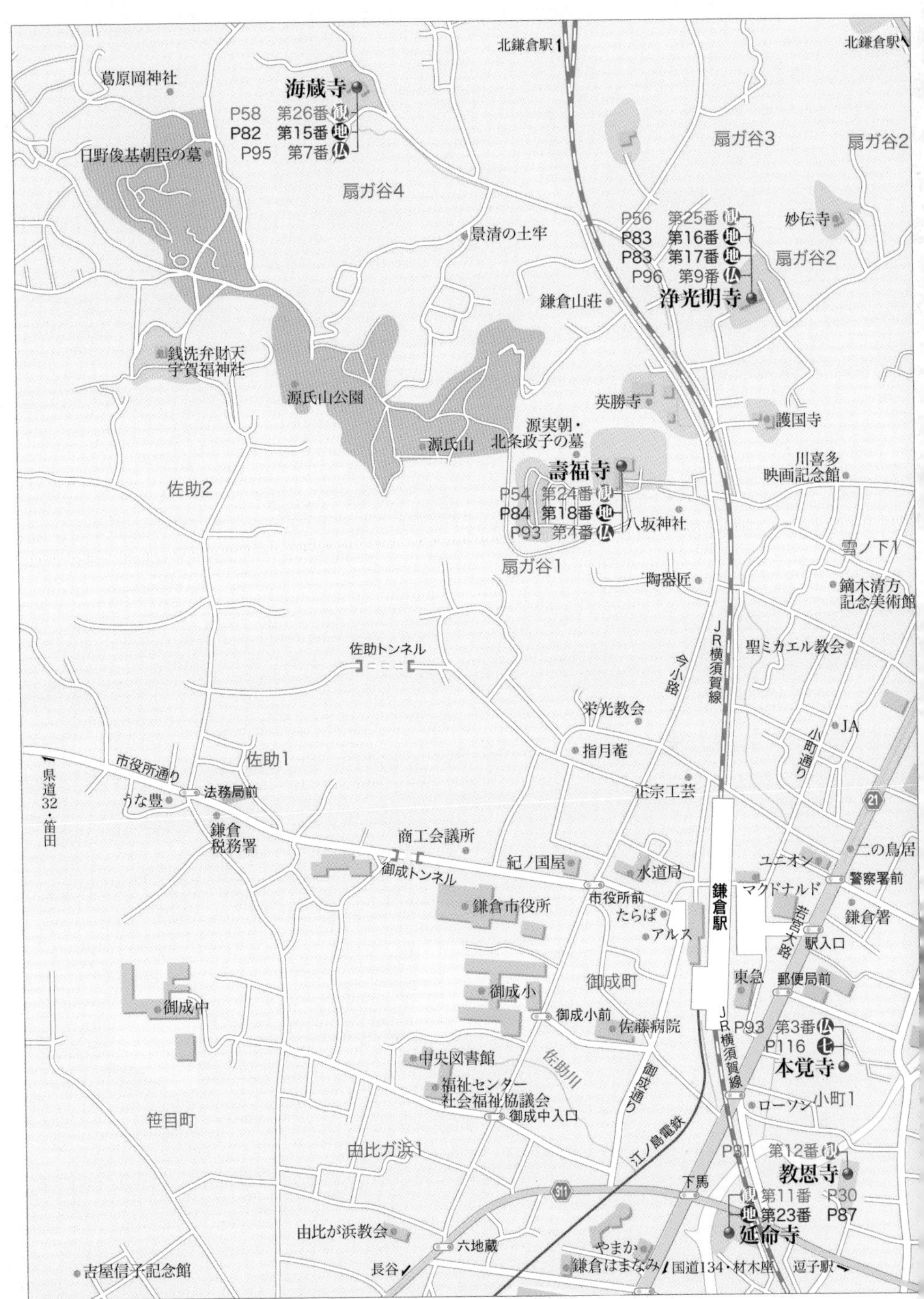

北鎌倉駅
北鎌倉駅
葛原岡神社
海蔵寺
P58 第26番 観
P82 第15番 地
P95 第7番 仏
日野俊基朝臣の墓
扇ガ谷4
扇ガ谷3
扇ガ谷2
P56 第25番 観
P83 第16番 地
P83 第17番 地
P96 第9番 仏
妙伝寺
扇ガ谷2
浄光明寺
景清の土牢
鎌倉山荘
銭洗弁財天
宇賀福神社
源氏山公園
英勝寺
護国寺
源実朝・
北条政子の墓
源氏山
寿福寺
P54 第24番 観
P84 第18番 地
P93 第1番 仏
八坂神社
川喜多
映画記念館
佐助2
雪ノ下1
扇ガ谷1
陶器匠
鏑木清方
記念美術館
JR横須賀線
今小路
聖ミカエル教会
佐助トンネル
栄光教会
JA
小町通り
指月庵
佐助1
市役所通り
県道32・笛田
うな豊
法務局前
正宗工芸
鎌倉
税務署
商工会議所
紀ノ国屋
二の鳥居
ユニオン
御成トンネル
水道局
警察署前
鎌倉駅
マクドナルド
市役所前
鎌倉市役所
たらば
若宮大路
鎌倉署
アルス
駅入口
御成町
東急
郵便局前
御成中
御成小
御成小前
佐藤病院
JR横須賀線
P93 第3番 仏
P116 七
本覚寺
中央図書館
佐助川
御成通り
福祉センター
社会福祉協議会
ローソン
小町1
笹目町
御成中入口
江ノ島電鉄
由比ガ浜1
P31 第12番 観
教恩寺
下馬
観 第11番 P30
地 第23番 P87
延命寺
由比が浜教会
六地蔵
やまか
吉屋信子記念館
長谷
鎌倉はまなみ
国道134・材木座
逗子駅

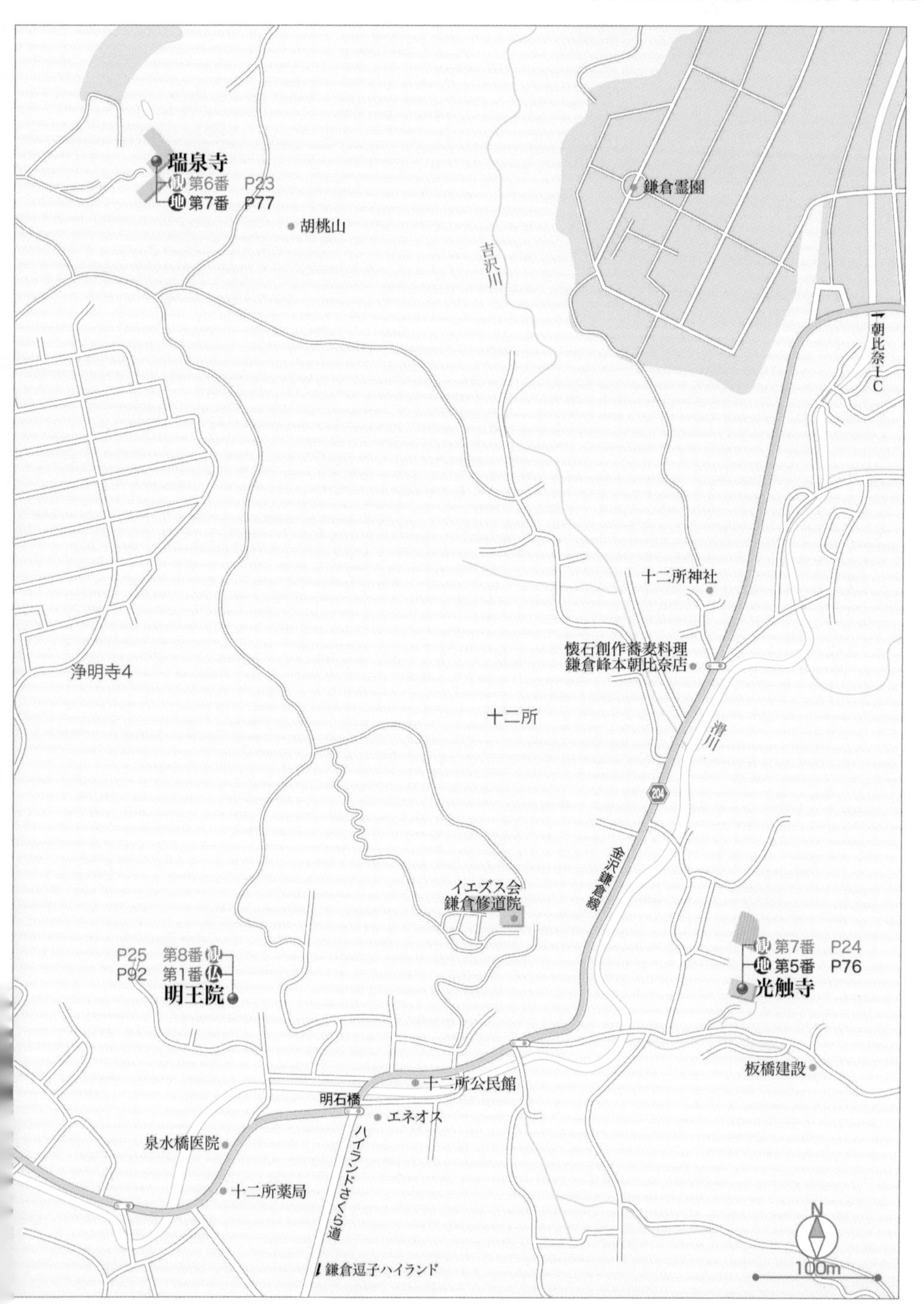
瑞泉寺
観 第6番 P23
地 第7番 P77
胡桃山
鎌倉霊園
吉沢川
朝比奈IC
十二所神社
懐石創作蕎麦料理
鎌倉峰本朝比奈店
浄明寺4
十二所
滑川
204
金沢鎌倉線
イエズス会
鎌倉修道院
P25 第8番 観
P92 第1番 仏
明王院
観 第7番 P24
地 第5番 P76
光触寺
板橋建設
十二所公民館
明石橋
エネオス
ハイランドさくら道
泉水橋医院
十二所薬局
鎌倉逗子ハイランド
N
100m

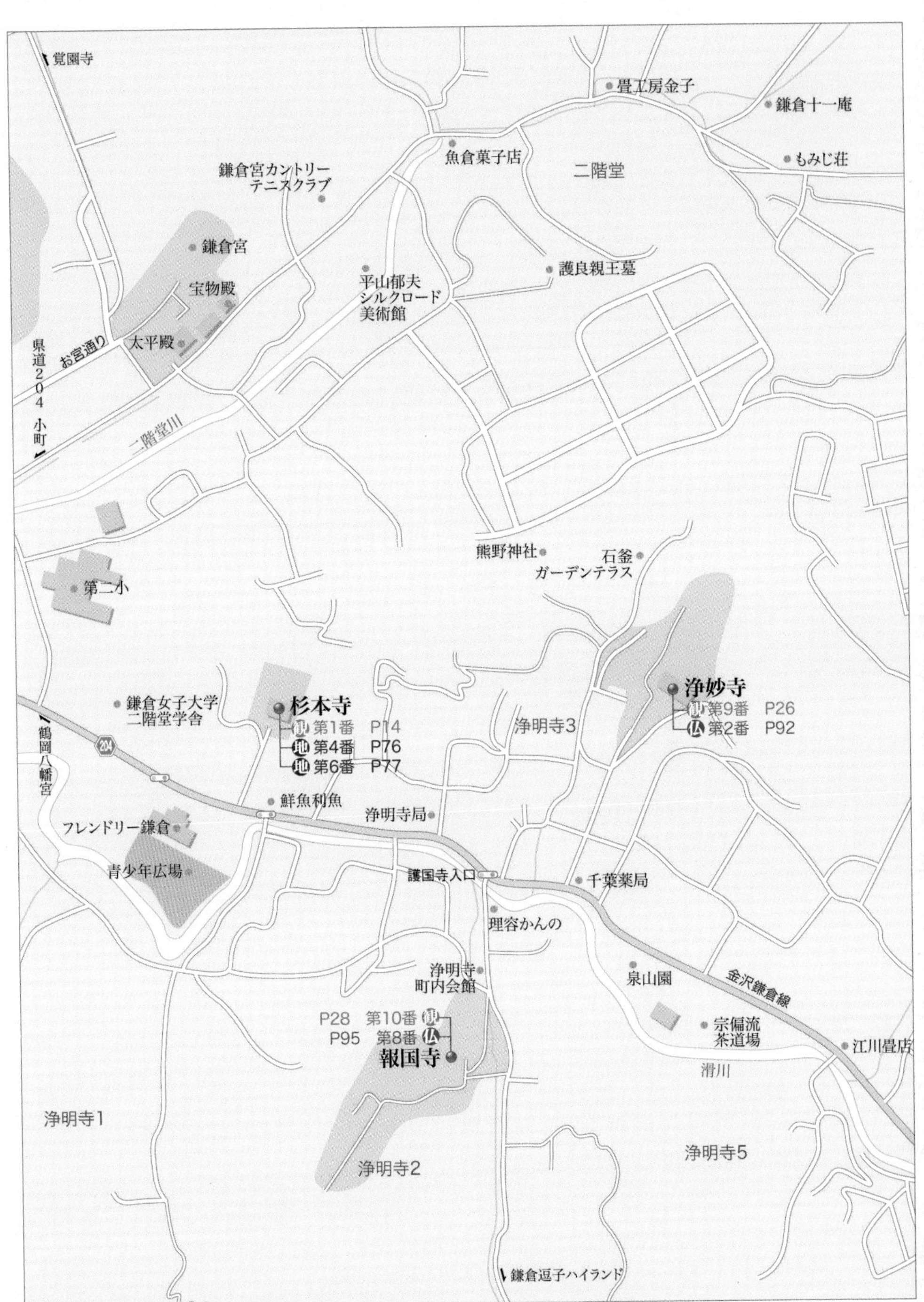
覚園寺
畳工房金子
鎌倉十一庵
魚倉菓子店
二階堂
もみじ荘
鎌倉宮カントリー
テニスクラブ
鎌倉宮
護良親王墓
宝物殿
平山郁夫
シルクロード
美術館
太平殿
お宮通り
県道204
小町
二階堂川
熊野神社
石釜
ガーデンテラス
第二小
杉本寺
観 第1番 P14
地 第4番 P76
地 第6番 P77
浄妙寺
観 第9番 P26
仏 第2番 P92
浄明寺3
鎌倉女子大学
二階堂学舎
鶴岡八幡宮
204
鮮魚利魚
浄明寺局
フレンドリー鎌倉
青少年広場
護国寺入口
千葉薬局
理容かんの
浄明寺
町内会館
泉山園
金沢鎌倉線
P28 第10番 観
P95 第8番 仏
報国寺
宗偏流
茶道場
江川畳店
滑川
浄明寺1
浄明寺2
浄明寺5
鎌倉逗子ハイランド

大町・材木座

鎌倉駅
下馬
長谷
六地蔵
鎌倉葉山線
ハリス
記念幼稚園
やまか
鎌倉はまなみ
江ノ島電鉄
第一小
鎌倉体育館
鎌倉女学院
高・中
由比ガ浜2
若宮大路
一の鳥居
見田記念体育館
若宮大路
公園
鎌倉保健所
21
スリーエフ
デニーズ
裁判所
海岸橋
国道134
医療センター
材木座保育園
鎌倉署
エネオス
材木座5
長谷・極楽寺
134
サラ
材木座5
材木座海水浴場
教恩寺
仏具店
八雲神社
常栄寺
新羅三郎
義光の墓
大町3
大宝路
311
大くに
大町四ツ角
観 第13番 P32
別願寺
安養院
観 第3番 P18
地 第24番 P88
上行寺
ローソン
滑川
JR横須賀線
ヒロ病院
本興寺
逆川
大町2
逗子
材木座1
水道路
ルアーズ
いずみ幼稚園
みどり音楽院
材木座3
材木座2
長勝寺
P36 第15番 観
向福寺
観 第14番 P34
来迎寺（材木座）
沼田医院
ひしど薬局
材木座霊園
五所神社
やすらぎ
センター
實相寺
材木座局
九品寺
九品寺前
P38 第16番 観
材木座4
たぶのき公園
進藤酒店
補陀落寺
観 第17番 P40
魚梅商店
吉沢電気
ハニー
富士愛育園
材木座6
材木座海岸
観 第20番 P46
千手院
豆腐川
観 第18番 P42
地 第22番 P87
光明寺
蓮乗院
観 第19番 P45
材木座幼稚園
第一中
逗子・葉山
100m
N
衣笠駅
横須賀線
横浜横須賀道路
1km
N
横須賀市
衣笠IC
三浦縦貫道路
26
P84 第19番 地
東漸寺
エネオス
林
一騎塚
西公園
武山駐屯地
134
214
富士山
三崎口
三浦海岸

長谷・極楽寺

大磯
湘南江の島駅
江ノ島電鉄
湘南
新江ノ島水族館
白百合学園小
片瀬江ノ島駅
134
鎌倉
江の島入口
305
江の島温泉
P117 七
江島神社
江の島サムエル
コッキング苑
江の島
300m
住友常磐住宅
長谷5
長谷4
藤沢
高徳院
観 第23番 P52
観光会館
展望棟
大仏前
鎌倉病院
いも吉館
甘縄神明宮
鎌倉能舞台
足立盛長邸跡
雷神堂
長谷3
川端康成
記念館
県道21・鎌倉
長谷幼稚園
長谷郵便局
光則寺
311
鎌倉
オルゴール館
長谷寺
長谷観音前
セブン
イレブン
極楽寺2
P20 第4番 観
P116 七
長谷2
32
稲瀬川
稲小
児童クラブ
御霊神社
P117 七
肉の一心亭
長谷駅
観 第22番 P50
地 第20番 P85
地 第21番 P86
仏 第12番 P97
稲村ヶ崎小
江ノ島電鉄
おぐら
ゑとうふ店
稲瀬川
保育所
極楽寺
五木田商店
末広商店
力餅家
星の井通り
材木座
P98 第13番 仏
星井寺
人形匠
萩工房
坂ノ下
極楽寺駅
ローソン
成就院
極楽寺坂
P48 第21番 観
134
鎌倉ビューパレス
あじさい荘
江の島
100m

北鎌倉駅周辺

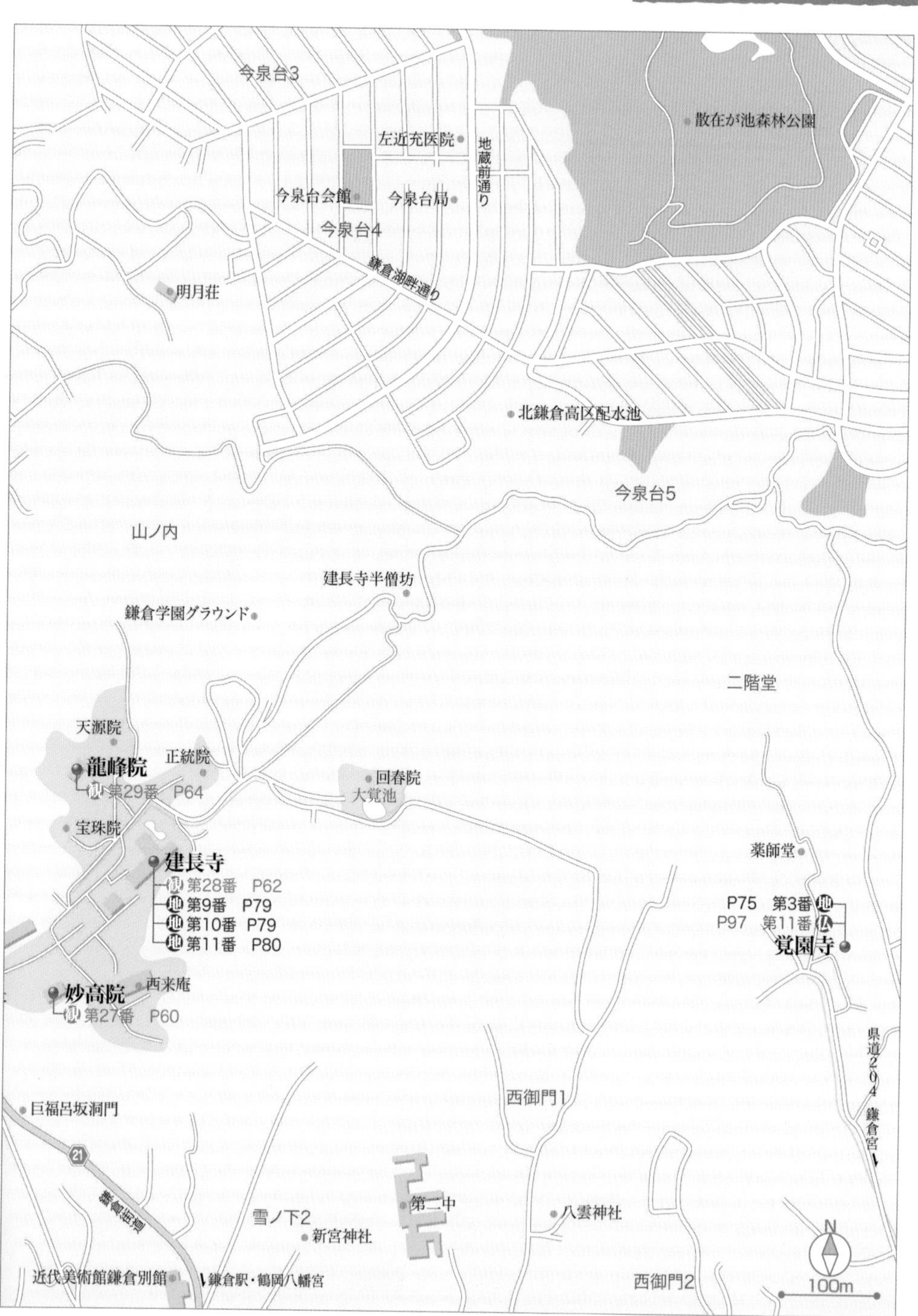

今泉台3
散在が池森林公園
左近充医院
地蔵前通り
今泉台会館
今泉台局
今泉台4
鎌倉湖畔通り
明月荘
北鎌倉高区配水池
今泉台5
山ノ内
建長寺半僧坊
鎌倉学園グラウンド
二階堂
天源院
龍峰院
観 第29番 P64
正統院
回春院
大覚池
宝珠院
建長寺
観 第28番 P62
地 第9番 P79
地 第10番 P79
地 第11番 P80
薬師堂
P75 第3番 地
P97 第11番 仏
覚園寺
妙高院
西来庵
観 第27番 P60
県道204 鎌倉宮
西御門1
巨福呂坂洞門
21
鎌倉街道
第二中
八雲神社
雪ノ下2
新宮神社
N
近代美術館鎌倉別館
鎌倉駅・鶴岡八幡宮
西御門2
100m

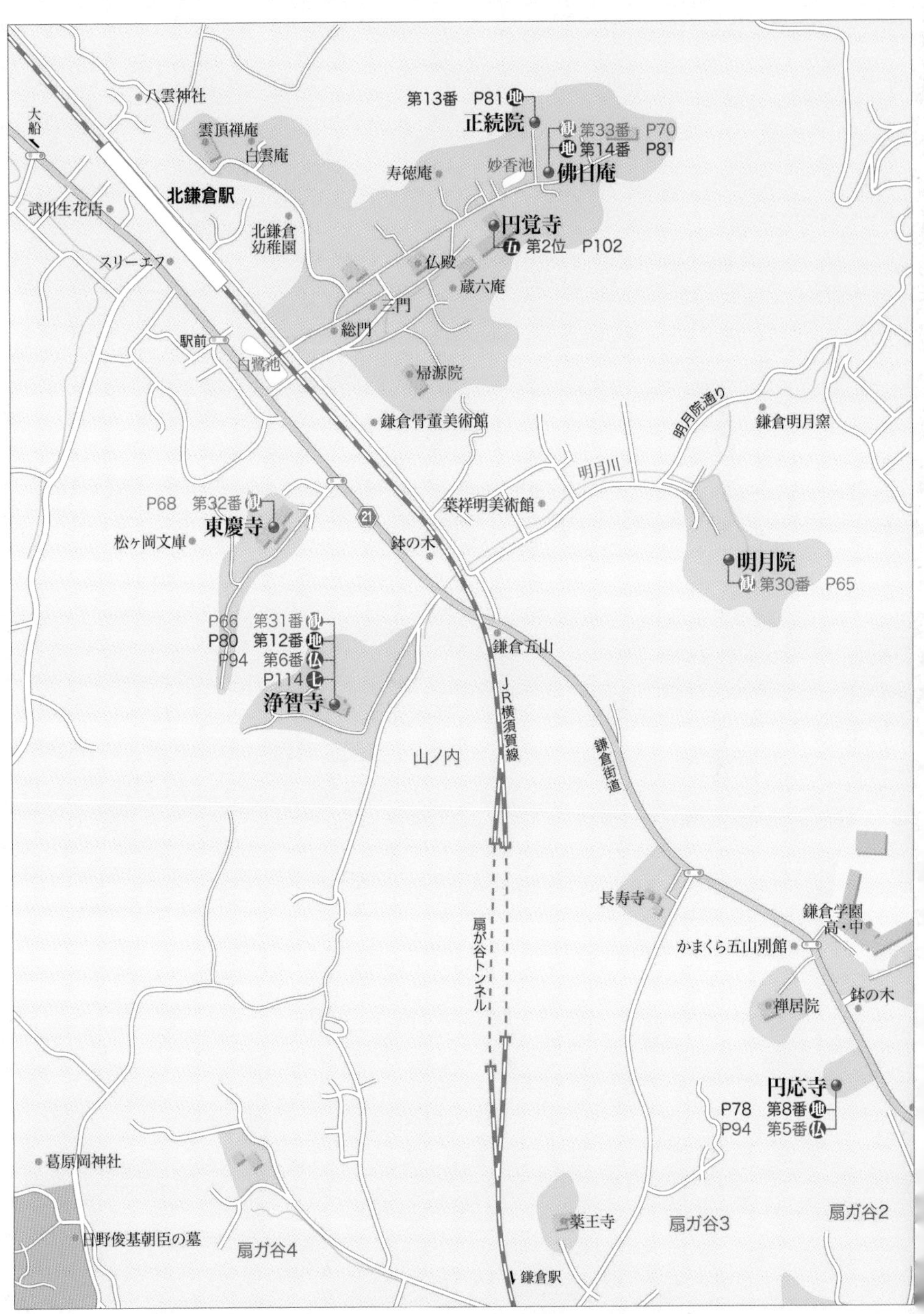
八雲神社
大船
雲頂禅庵
白雲庵
北鎌倉駅
武川生花店
北鎌倉
幼稚園
スリーエフ
駅前
白鷺池
第13番 P81 地
正続院
観 第33番 P70
地 第14番 P81
寿徳庵
妙香池
佛日庵
円覚寺
五 第2位 P102
仏殿
蔵六庵
三門
総門
帰源院
鎌倉骨董美術館
明月院通り
鎌倉明月窯
明月川
葉祥明美術館
P68 第32番 観
東慶寺
松ヶ岡文庫
21
鉢の木
明月院
観 第30番 P65
P66 第31番 観
P80 第12番 地
P94 第6番 仏
P114 七
浄智寺
鎌倉五山
JR横須賀線
山ノ内
鎌倉街道
長寿寺
鎌倉学園
高・中
かまくら五山別館
扇が谷トンネル
禅居院
鉢の木
円応寺
P78 第8番 地
P94 第5番 仏
葛原岡神社
日野俊基朝臣の墓
扇ガ谷4
薬王寺
扇ガ谷3
扇ガ谷2
鎌倉駅

さくいん

Staff

取材・執筆 ■ ジェイアクト

編集 ■ 立川芽衣

撮影協力■小德羅漢

デザイン／DTP■株式会社ダイアートプランニング・はやしたすく

MAP■ 石井まり子

鎌倉札所めぐり　御朱印を求めて歩く
巡礼ルートガイド　改訂版

2020年　1月15日　　第1版・第1刷発行

著　者　鎌倉札所めぐり編集室（かまくらふだしょめぐりへんしゅうしつ）
発行者　株式会社メイツユニバーサルコンテンツ
（旧社名：メイツ出版株式会社）
代表者　三渡　治
〒102-0093東京都千代田区平河町一丁目1-8
TEL：03-5276-3050（編集・営業）
03-5276-3052（注文専用）
FAX：03-5276-3105
印　刷　株式会社厚徳社

ご意見・ご感想はホームページから承っております。
ウェブサイト　http://www.mates-publishing.co.jp/
編集長：折居かおる　　副編集長：堀明研斗　　企画担当：折居かおる

※本書は2016年発行の『鎌倉札所めぐり御朱印を求めて歩く巡礼ルートガイド』を元に加筆・修正を行っています。